Discriminação Estética

Discriminação Estética

Adilson José Moreira
Gabriela Doll Martinelli
Helena de Araújo Bento
Luana Pereira da Costa
Rafaella Pavanello Palmieri

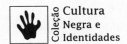

Coleção Cultura Negra e Identidades

autêntica

Copyright © 2024 Os autores
Copyright desta edição © 2024 Autêntica Editora

Todos os direitos reservados pela Autêntica Editora Ltda. Nenhuma parte desta publicação poderá ser reproduzida, seja por meios mecânicos, eletrônicos, seja via cópia xerográfica, sem a autorização prévia da Editora.

COORDENADORA DA COLEÇÃO
Nilma Lino Gomes

CONSELHO EDITORIAL
Marta Araújo (Universidade de Coimbra); Petronilha Beatriz Gonçalves e Silva (UFSCar); Renato Emerson dos Santos (UERJ); Maria Nazareth Soares Fonseca (PUC Minas); Kabengele Munanga (USP)

EDITORAS RESPONSÁVEIS
Rejane Dias
Cecília Martins

REVISÃO
Carolina Lins
Lorrany Silva

CAPA
Alberto Bittencourt
(sobre imagem de Adobe Stock)

DIAGRAMAÇÃO
Waldênia Alvarenga

Dados Internacionais de Catalogação na Publicação (CIP)
Câmara Brasileira do Livro, SP, Brasil

Discriminação estética / Adilson José Moreira...[et al.]. -- 1. ed. -- Belo Horizonte, MG : Autêntica Editora, 2024. -- (Coleção Cultura Negra e Identidades)

Outros autores: Gabriela Doll Martinelli, Helena de Araújo Bento, Luana Pereira da Costa, Rafaella Pavanello Palmieri
Bibliografia.
ISBN 978-65-5928-477-1

1. Discriminação estética 2. Discriminação no emprego 3. Juízes - Decisões 4. Poder judiciário 5. Tribunais superiores I. Moreira, Adilson José. II. Martinelli, Gabriela Doll. III. Bento, Helena de Araújo. IV. Costa, Luana Pereira da. V. Palmieri, Rafaella Pavanello. VI. Série.

24-230628   CDU-347.15:301.172.1

Índices para catálogo sistemático:
1. Discriminação : Direito civil 347.15:301.172.1

Cibele Maria Dias - Bibliotecária - CRB-8/9427

Belo Horizonte
Rua Carlos Turner, 420
Silveira . 31140-520
Belo Horizonte . MG
Tel.: (55 31) 3465 4500

São Paulo
Av. Paulista, 2.073 . Conjunto Nacional
Horsa I . Salas 404-406 . Bela Vista
01311-940 . São Paulo . SP
Tel.: (55 11) 3034 4468

www.grupoautentica.com.br
SAC: atendimentoleitor@grupoautentica.com.br

Se desejamos uma sociedade pacífica, então não podemos promover a violência. Se desejamos uma sociedade sem discriminação, então não devemos discriminar ninguém no processo de construção dessa sociedade. Se desejamos uma sociedade democrática, então a democracia deve tornar-se um meio e um fim.

Bayard Rustin

Agradecimentos

Agradeço a todas as pessoas com as quais discuti as teses centrais deste livro. Sou grato aos funcionários do sistema de biblioteca da Universidade de Stanford por terem possibilitado o acesso a material bibliográfico. Muitos abraços a Adrielly Marcel Silva Nunes, pela excelente pesquisa jurisprudencial.

Adilson José Moreira

Agradeço, primeiramente, aos meus pais, por sempre me incentivarem e me apoiarem nas minhas ambições e em meus desafios. Às minhas colegas e coautoras, por todo o apoio e o companheirismo durante o processo de escrita deste livro. Por último, ao professor Adilson Moreira, pela oportunidade e pela orientação.

Gabriela Doll Martinelli

Agradeço aos meus pais, por sempre me apoiarem, às minhas colegas e amigas, que estiveram comigo desde o início desta ideia, e ao professor Adilson Moreira, por nos dar a oportunidade de escrever este livro.

Helena de Araújo Bento

Meu agradecimento a Rosa, minha mãe, e ao Pedro, meu companheiro, por sempre serem apoio. Um agradecimento especial também ao Fabiano Machado da Rosa e ao Paulo Petri, por me abrirem portas.

Luana Pereira da Costa

Agradeço imensamente aos meus pais, por todos os anos de estudos, por todas as oportunidades às quais me abriram as portas e, principalmente, por sempre estarem ao meu lado e me apoiarem em todos os meus projetos. Agradeço também às minhas colegas por abraçarem comigo esta pesquisa e por toda sua dedicação a este trabalho. Por fim, agradeço ao professor Adilson Moreira, por todas as orientações e pela oportunidade de escrevermos e publicarmos este livro juntos.

Rafaella Pavanello Palmieri

Introdução 11

CAPÍTULO I
Julgamentos morais e injustiça estética 21

CAPÍTULO II
Discriminação estética: definição e pressupostos 39

CAPÍTULO III
Os mecanismos da discriminação estética 53

CAPÍTULO IV
Discriminação estética:
história e jurisprudência estrangeira 65

*A discriminação baseada na aparência
nos tribunais estrangeiros* 65

Discriminação estética e racionalidade do mercado ... 78

CAPÍTULO V
A discriminação estética
na jurisprudência brasileira 83

CAPÍTULO VI
Características submetidas
à discriminação estética 95

Raça 95

Gênero 98

Obesidade 101

Outros critérios de discriminação 105

CAPÍTULO VII

O combate à discriminação estética 113

Obstáculos ao combate à discriminação
baseada na aparência 113

Discriminação estética como violação
de princípios constitucionais 117

Princípios reguladores do direito do trabalho ... 127

Superando a discriminação estética 129

Conclusão 135

Referências 139

Introdução

Apesar do número cada vez maior de trabalhos que abordam o tema da discriminação no mundo corporativo, reflexões sobre algumas de suas manifestações e dimensões permanecem escassas ou inexistentes, realidade que impede o combate de práticas que causam danos significativos a muitas pessoas e/ou grupos de pessoas. Uma delas está relacionada com normas institucionais – muitas vezes oficiais, muitas vezes informais – que estabelecem um padrão de aparência a ser seguido na contratação e na promoção de funcionários, e que pode também ser motivo de demissão. Esses parâmetros não são gratuitos, uma vez que correspondem a ideais estéticos correntes, referências utilizadas de modo constante para o julgamento da competência profissional de candidatos e candidatas a emprego. Eles também determinam a atribuição de atividades laborais, embora não sejam indicadores adequados para a designação das funções de empregados e empregadas. Muitos julgados fazem referência à discriminação estética, mas quase nenhum deles reconhece essa prática como uma manifestação particular de tratamento arbitrário que precisa ser analisado a partir de critérios específicos pelo nosso sistema judiciário. Eles não oferecem uma definição desse problema e vários deles abordam a discriminação estética como expressão de outras formas de arbitrariedade, como o racismo, o sexismo ou a gordofobia. Embora esse procedimento garanta ressarcimento econômico pelos danos causados por empregadores às vítimas desse tipo de tratamento desvantajoso, a ausência de um entendimento dos processos psicológicos, culturais e institucionais envolvidos no fenômeno da discriminação estética traz prejuízos consideráveis a vários grupos de pessoas ao longo de toda a vida laboral.

Três exemplos que retratam situações bastante comuns nos ajudam a entender esse fenômeno de maneira mais objetiva. Edweyne Martins foi impedido de cumprir sua jornada de trabalho em função de uma norma que proibia funcionários de uma empresa de transporte urbano de usar barba ou cavanhaque; a violação dessa regra implicaria sanções disciplinares. O sindicato que congrega os trabalhadores da classe ajuizou uma ação requerendo a declaração da invalidade dessa norma, por ser, segundo eles, discriminatória. O Tribunal Superior do Trabalho (TST) entendeu que ela estabelece um padrão de aparência pessoal que viola o direito de as pessoas poderem controlar a própria aparência física, motivo pelo qual a regra em questão poderia ser classificada como exemplo de discriminação estética. Para o órgão julgador referido, não haveria nenhuma correlação entre tal exigência e as habilidades necessárias para o desempenho de quaisquer funções, e nem sequer haveria algum aspecto da atividade profissional que justificasse essa norma, uma vez que ela não pode causar nenhum tipo de risco. A ministra relatora classificou tal regra como um exemplo de discriminação estética, mas não ofereceu uma justificação baseada em uma conceituação dela; ela apenas afirmou que a exigência era inadequada por ser uma violação dos direitos da personalidade.[1]

Marília da Silva trabalhava como telefonista em uma empresa. Seus superiores estavam insatisfeitos com sua aparência porque ela mantinha seus cabelos crespos. Eles exigiram que ela passasse por um processo de alisamento para que se aproximasse do que consideravam ser um ideal estético adequado aos padrões da firma. Além de exigirem que ela submetesse seu cabelo a esse tipo de tratamento, seus superiores pediram que ela o mantivesse preso. Sua recusa gerou uma série de humilhações também de colegas brancas: enojadas com o cabelo daquela mulher negra, elas diziam que raspar seria a única solução, porque ele era muito feio. O empregador condicionou o emprego ao alisamento, o que levou a mulher negra a acatar tal exigência. Nosso sistema judiciário considerou essa prática como um tipo de discriminação estética, mas não apresentou nenhuma definição precisa desse tratamento discriminatório. O juiz que analisou o caso apenas afirmou que a exigência de alisamento poderia ser classificada como uma interferência indevida na esfera pessoal, direito que não assiste aos empregadores.[2]

---

[1] Brasil. TST, ARR, n.º 343-45.2015.07.0003, 17/12/2021.

[2] Brasil. TRT 12ª Região, 04/07/2018.

Joilda Oliveira de Abreu é uma mulher negra que trabalhava em uma grande rede internacional de supermercados. Seu chefe sempre fazia referências pejorativas à sua obesidade, dizendo que mulheres tão gordas como ela não deveriam ter contato com os clientes. Esse tipo de comportamento também era reproduzido por outros funcionários, pessoas que, seguindo o exemplo do chefe, faziam comentários jocosos persistentes em relação a ela, o que a motivou a pedir demissão e processar a empresa. O TST identificou a incidência do racismo e do sexismo, mas não ofereceu uma análise dos motivos pelos quais esses dois tratamentos discriminatórios poderiam ser classificados como discriminação estética ou da dinâmica deles nessa prática discriminatória.[3]

Esses casos demonstram dois aspectos de um problema amplamente ignorado. De um lado, temos a crença social de que a aparência das pessoas não tem consequências significativas em sua vida social, incluindo o ambiente de trabalho. Essa premissa não encontra base na realidade das sociedades modernas: a adequação ou o distanciamento de padrões estéticos institucionalizados afeta os mais diversos aspectos da vida dos indivíduos, entre eles a vida profissional. Do outro, temos uma realidade social cuja dinâmica não é adequadamente compreendida pelo nosso sistema judiciário. É certo que nossos magistrados recorrem a certos princípios para proteger empregados, como o princípio protetor e o da

---

[3] Brasil. TST, 22/03/2023.

permanência,[4] mas a ausência de um estudo adequado da dinâmica da discriminação baseada na aparência impede maiores níveis de proteção jurídica. Tendo em vista a ampla frequência e invisibilidade desses casos, a quase inexistência de trabalhos que abordam esse tema e a ausência de compreensão da dinâmica interna do fenômeno da discriminação estética, este livro examina as práticas institucionais que buscam a homogeneização do corpo de funcionários de empresas privadas por meio de preferências estéticas. Nossos tribunais estão certos: esse fenômeno, que pode ser classificado como uma prática discriminatória porque viola os direitos da personalidade, suprime a autenticidade dos indivíduos, além de ter um impacto desproporcional sobre membros de grupos subalternizados. Entretanto, é preciso entender as particularidades de sua dinâmica interna e também compreender sua dimensão cultural e institucional. A discriminação estética ocorre por meio da imposição de padrões de beleza com o propósito de padronizar a aparência de empregados e empregadas, o que acarreta problemas na preservação da diversidade da população brasileira dentro do espaço laboral, além de restringir oportunidades profissionais para membros de vários grupos, em especial mulheres e minorias raciais.

Embora não seja prevista em qualquer norma legal, a não ser que coincida com algum critério juridicamente protegido, a discriminação estética está amplamente

---

[4] Rodriguez, 2015; Litholdo, 2013.

presente no espaço laboral, sendo um problema que afeta todos os indivíduos que não correspondem aos ideais de beleza ou de apresentação pessoal de força normativa na sociedade brasileira. Estamos, então, diante da seguinte questão: a pressão por conformidade estética no setor privado pode ser considerada uma violação dos princípios da igualdade, da liberdade, da cidadania, da dignidade humana e da justiça social previstos na Constituição Federal? Partiremos da hipótese de que podemos, sim, classificar esse fenômeno como uma prática discriminatória, visto que traz desvantagens significativas para muitos indivíduos, violando um aspecto relevante do princípio constitucional da igualdade, que é a equidade de tratamento entre pessoas igualmente situadas, preceito central também das noções de dignidade humana e de justiça social.[5]

Observaremos que a luta contra esse tipo de tratamento diferenciado encontra muitas dificuldades. Ele pode estar baseado em diferentes aspectos da aparência e operar de maneiras diversas, motivo pelo qual muitos atores sociais acreditam que ele não pode ser efetivamente combatido; ele representa consensos coletivos

---

[5] O artigo 3º da Constituição Federal diz: "Constituem objetivos fundamentais da República Federativa do Brasil: I – construir uma sociedade livre, justa e solidária; II – garantir o desenvolvimento nacional; III – erradicar a pobreza e a marginalização e reduzir as desigualdades sociais e regionais; IV – promover o bem de todos, sem preconceitos de origem, raça, sexo, cor, idade e quaisquer outras formas de discriminação".

sobre modos de apresentação dos indivíduos no espaço corporativo, consensos baseados em referências estéticas identificadas com grupos sociais específicos. Muitos indivíduos acreditam que, independentemente de suas manifestações ou consequências, o tratamento diferenciado está dentro da discricionariedade dos empregadores, porque eles devem ter o poder de determinar as características das pessoas que querem empregar. Como a aparência é um fator central na maneira como a vasta maioria das pessoas estabelece relações interpessoais, a discriminação estética encontra também altos níveis de aceitação social, mesmo porque ela encontra base nos mesmos mecanismos psíquicos que as pessoas utilizam para determinar com quem elas se associarão e com quem elas estabelecerão relações meramente cordiais.[6]

Acreditamos que esta investigação seja muito relevante para o avanço dos estudos do direito antidiscriminatório, uma vez que ela nos permitirá compreender a dinâmica interna de práticas que impõem desvantagens a parcelas significativas de nossa população. Também trabalharemos com a hipótese de que a discriminação estética apresenta um caráter interseccional, porque agrava ainda mais a situação de grupos que já se encontram em uma posição de desvantagem, como no caso de coletividades atingidas por dois ou mais vetores de discriminação. Isso ocorre porque a proximidade com o ideal estético branco é um requisito para que as pessoas

---

[6] *Cf.* Rhode, 2010, p. 1-14.

possam ter acesso a oportunidades profissionais, uma vez que ela pressupõe maior respeitabilidade social. À questão racial, somam-se outros critérios que expressam preferências estéticas, o que torna indivíduos que pertencem a mais de um grupo subalternizado vítimas de um problema que os acompanha ao longo de toda a vida, em todos os setores.

Além de teorias de discriminação e de conceitos da psicologia social da discriminação, recorreremos a estudos filosóficos e sociológicos sobre estética e beleza para entendermos a dinâmica psíquica e cultural dos julgamentos baseados na aparência. Observaremos que eles são valorações morais amplamente relacionadas com a institucionalização de um padrão de beleza identificado com traços fenotípicos de pessoas racializadas como brancas, especialmente aquelas de aparência ariana. Esse ideal estético é insistentemente difundido nos meios de comunicação de massa, sendo um aspecto central do processo de socialização dos indivíduos. Mais do que isso, eles são utilizados por membros de todas as culturas e de todas as raças, indistintamente. A proximidade com o fenótipo branco é um ideal buscado até mesmo em países habitados majoritariamente por indivíduos não brancos. Embora não se resuma à imposição de traços fenotípicos brancos que se tornaram critérios universais de julgamentos estéticos, esse tipo de tratamento desvantajoso expressa uma tentativa de empresas de promover a homogeneização do corpo de funcionários com a intenção de estabelecer uma associação entre qualidades de serviços e aparência física, mecanismo que beneficia certos grupos de pessoas e prejudica outros de maneira sistemática. A exploração desse tema se mostra relevante porque ele é um dos principais mecanismos de reprodução de disparidades sociais, mas seus métodos de operação permanecem amplamente desconhecidos pelo nosso judiciário.

Este livro tem como propósito principal desenvolver uma discussão do tema da discriminação estética, um problema pervasivo na nossa sociedade, cujos mecanismos ainda permanecem obscuros. Pretendemos, com isso, apresentar uma contribuição para o avanço de um campo do direito antidiscriminatório ainda pouco explorado na nossa literatura. Inspirados em trabalhos que representam o mundo corporativo como um espaço no qual dinâmicas culturais presentes em outros âmbitos sociais se repetem para reproduzir processos de estratificação, utilizaremos uma perspectiva multidisciplinar para abordar essa realidade. Teses filosóficas, psicológicas, sociológicas e jurídicas servirão de ponto de partida para a identificação dos mecanismos responsáveis pela existência desse problema dentro de uma área crucial para a integração social dos indivíduos. Elas também serão o ponto de partida para o encontro de possíveis soluções para esse fenômeno por meio do qual mecanismos de exclusão operam na nossa sociedade. Esperamos, com isso, fornecer parâmetros para que nossos tribunais possam fundamentar suas decisões de forma mais sólida e para que empregadores reformulem práticas institucionais que violam uma pluralidade de direitos fundamentais. Assim, se de um lado procuramos construir um aparato conceitual que possa guiar a análise de operadores jurídicos, por outro, apresentamos uma série de argumentos que podem servir para que empregadores transformem práticas institucionais. Este livro também oferece elementos para que trabalhadores e trabalhadoras possam compreender diferentes aspectos dos problemas que afetam suas chances de empregabilidade e suas trajetórias profissionais. Pensamos, então, que esta obra contribui para as reflexões sobre o direito antidiscriminatório ao oferecer um conjunto de elementos a partir dos quais podemos identificar a dinâmica de processos discriminatórios, bem como direções para sua superação.

Capítulo I

Julgamentos morais e injustiça estética

Na Introdução, apontamos a ausência de uma definição adequada de discriminação estética em muitas decisões judiciais que abordam esse assunto. Agora, devemos nos debruçar sobre a análise de alguns de seus pressupostos. Primeiro, precisamos desenvolver algumas considerações sobre julgamento estético, elemento que motiva esse tipo de tratamento arbitrário. A estética sempre ocupou um papel importante nas diversas sociedades humanas ao longo da história. Ela está associada a parâmetros culturais de beleza que determinam critérios de apreciação de vários elementos da realidade, o que inclui os mais diversos objetos e suas qualidades. A estética, por um lado, pode ser classificada como uma disciplina filosófica preocupada com a sistematização dos princípios de apreciação do belo, o que envolve considerações sobre nossos gostos e sobre sentimentos a eles associados, bem como sobre as características dos objetos que existem no mundo exterior. A estética designa, por outro lado, um tipo de referência cultural utilizada para o julgamento da conformidade de objetos e corpos a ideais culturais compartilhados. Essas referências são relevantes porque elas desempenham um papel importante no processo de socialização das pessoas,

21

pois conformam a percepção delas sobre uma pluralidade de fenômenos. Os seres humanos utilizam julgamentos estéticos de forma consciente ou inconsciente em várias situações, inclusive para fazer julgamentos morais, processos psíquicos relacionados com o fato de que referências estéticas podem assumir a forma de normas culturais a partir das quais o valor de pessoas é avaliado. Julgamentos estéticos ocorrem nas mais diversas situações: por exemplo, eles se dão desde quando optamos por certos objetos decorativos para nossas casas até quando escolhemos as pessoas com as quais estabeleceremos relações de amizade ou de amor. Em todas essas situações, a beleza será considerada uma virtude, enquanto a feiura será vista e representada como uma falha.[7]

É certo que padrões de beleza variam tanto ao longo do tempo quanto de uma sociedade para outra, mas há alguns elementos que são sempre utilizados para se identificar as pessoas como belas. Fazem parte deles, na maioria das sociedades ocidentais, a idade da pessoa, seu tipo e coloração de pele, sua altura, seu corpo, a proporção de suas partes e a simetria facial. No mundo moderno e contemporâneo, em função do imperialismo cultural decorrente do domínio político de países europeus sobre o resto do mundo e da superveniente emergência dos meios de comunicação de massa, também controlados pelas elites brancas desses mesmos países, as características fenotípicas dos membros desse grupo

---

[7] Adamitis, 2000, p. 196-197; Rhode, 2009, p. 45-68.

se tornaram o padrão universal de beleza, especialmente aqueles identificados como traços arianos. Assim, a raça tornou-se o critério fundamental para avaliação moral e estética das pessoas ao redor do mundo. Pessoas brancas, jovens, com corpos proporcionais entre peso e altura, de cabelos loiros e olhos azuis e sem quaisquer tipos de deficiência representam o ideal universal de beleza presente em todas as sociedades ocidentais. Os indivíduos que correspondem a esse padrão ou que estão próximos dele são representados como *os* parceiros sexuais socialmente aceitáveis, como *as* pessoas honestas, como *os* indivíduos amáveis e moralmente perfeitos. Os meios de comunicação apresentam essas pessoas como um ideal moral *e* estético, o que impulsiona o desejo sexual por elas e, com isso, a percepção de que todas apresentam qualidades positivas. A idealização estética e moral desse fenótipo justifica uma série de representações culturais que beneficiam todos os indivíduos que estão próximos dele e penalizam aqueles que se encontram longe dele.[8]

Estamos, assim, diante de um processo social que tem sido chamado de *injustiça estética*, expressão que designa o quanto julgamentos morais baseados na aparência das pessoas beneficiam certos grupos de indivíduos e prejudicam outros de forma sistemática. A beleza surge, então, como um critério de distribuição de oportunidades e de atribuição de respeitabilidade social, embora esse processo permaneça amplamente invisível

---

[8] *Cf.* Hofmann, 2023, p. 3-4; Kang, 1997, p. 287-295.

em função da grande permissibilidade social em relação a tal prática discriminatória, cuja relevância é amplamente negada ou considerada como justificada em função de interesses econômicos. Eles podem estar baseados na preferência de empregadores ou na premissa segundo a qual a contratação de pessoas bonitas pode gerar vantagens econômicas, uma presunção que contraria o fato de que não há correspondência entre aparência física e habilidades intelectuais e profissionais. Como veremos adiante de maneira detalhada, a injustiça estética reproduz padrões de desigualdades que afetam certos grupos de forma permanente, ao mesmo tempo que beneficia outros ao longo de toda a vida e em várias situações.[9]

Um aspecto relevante da noção de injustiça estética está relacionado com os mecanismos culturais responsáveis pela construção da beleza como sinônimo de virtude moral e da feiura como um tipo de patologia. Como tem sido argumentado, a construção social do belo e do feio está amplamente relacionada com um processo simultâneo: a celebração cultural da beleza e a patologização de traços físicos considerados feios. Mais do que um julgamento estético, a classificação de certas características como sinônimo de feiura decorre do fato de que elas são interpretadas como sinal de algum tipo de desvio de um padrão que muitos consideram ser expressão de funcionalidade física. Se a beleza está associada a vitalidade e vivacidade, a feiura expressa disfunção e

---

[9] Hofmann, 2023, p. 1-5.

morbidez; se a primeira denota a operação adequada do corpo humano, a segunda está associada a algum tipo de disfunção dele. A constante correlação entre saúde e beleza faz com que a feiura se torne um símbolo cultural de coisas e traços considerados desagradáveis porque são vistos como sinais de doença. Observamos, então, que a linguagem médica, que se expressa por meio de dualidades como sadio/doente, saudável/degenerado, é uma referência a partir da qual a classificação da feiura é interpretada como sinal de falhas de caráter. As pessoas se afastam de indivíduos assim classificados porque estes despertam-lhes a sensação de repulsa. Dessa maneira, a boa aparência faz referência a traços culturalmente interpretados como sinais de bem-estar, enquanto a feiura é interpretada como evidência de algum tipo de patologia, referência também utilizada para se avaliar o caráter. A discriminação estética decorre, desse modo, de um tipo de comportamento baseado no impulso de se evitar contato com alguém cuja aparência remeta à percepção de ausência de higidez física, o que é tido como uma suposta ausência de virtudes morais.[10]

Alguns autores abordam o problema que estamos discutindo a partir da noção de *dano estético*: a patologização de traços considerados feios se torna parâmetro para julgamentos morais dos indivíduos, afetando-os de maneira negativa nas diferentes dimensões de sua vida social. A constante utilização de traços físicos para julgar

---

[10] *Cf.* Aquino, 2022, p. 735-748; Ereshefsky, 2008, p. 221-227.

as pessoas faz com que elas sejam impedidas de exercerem uma série de direitos, fato que cria obstáculos para que elas possam ter as mesmas experiências sociais abertas a várias outras pessoas. Esses limites são estabelecidos a partir de critérios que não estão associados a quaisquer elementos que definem o valor ou a competência dos seres humanos. Tal fato gera processos de sofrimento psíquico porque dificulta o acesso a oportunidades centrais para a integração social dos indivíduos, causando então uma série de desvantagens que se repetem ao longo de toda a vida e em diferentes esferas da vida, de forma permanente. Pessoas consideradas feias são raramente classificadas como boas, bonitas, honestas, amigáveis ou inteligentes. Elas enfrentam o ostracismo no espaço escolar desde a infância, o que se repete ao longo de toda a vida, e encontram dificuldades significativas para obterem oportunidades profissionais, situação responsável por diversas injustiças. Como esses critérios são parâmetros sociais altamente estáveis, eles conformam percepções culturais sobre traços físicos ao longo das gerações, motivo pelo qual são responsáveis pela estratificação social.[11]

A noção de injustiça estética nos convida a observar as análises dos efeitos das associações entre beleza e bondade nos estudos sobre a psicologia da aparência. Eles demonstram a existência de uma expectativa generalizada

---

[11] *Cf.* Aquino, 2008, p. 738-740; Dion; Berscheid, 1972, p. 285-290.

de que pessoas consideradas mais atraentes são mais gentis, mais inteligentes e mais capazes do que aquelas distantes dos padrões estabelecidos de beleza. De fato, a questão da aparência está presente na vida dos seres humanos desde os primeiros anos de sua vida. Como aponta Smolak, a correlação entre beleza e bondade foi observada em crianças a partir dos três anos de idade, as quais expressaram preferência por pares considerados bonitos em detrimento daqueles considerados feios. A despeito da existência ou não de preferências inatas, a associação entre beleza e características positivas em crianças é fortalecida pelo ambiente que as circundam, por meio de seus pais e da mídia. Meios de comunicação frequentemente associam ser fisicamente atraente com a possibilidade de ser amado e com apreço social de maneira geral, parâmetros que moldam a percepção dos indivíduos desde os primeiros anos de vida. É importante notar que a utilização desses critérios é desproporcionalmente aplicada no julgamento de mulheres.[12] Os resultados de outros estudos demonstraram que estudantes tidos como atraentes recebem mais destaque do que seus colegas considerados não atraentes, sendo que eles também recebem sanções mais leves do que seus colegas quando cometem as mesmas transgressões. Observa-se também que muitas crianças e muitos adolescentes tendem a preferir pares considerados atraentes para suas relações de amizade e para o desenvolvimento de projetos acadêmicos. Os que

---

[12] Smolak, 2012, p. 120-125.

correspondem às normas institucionalizadas de beleza conseguem mais parceiros sexuais na adolescência e na vida adulta e, com frequência, ocupam mais posições de liderança. Até mesmo criminosos mais bonitos desfrutam dos benefícios de sua aparência, isso porque eles recebem sentenças penais condenatórias com menor frequência, além de que estas, quando proferidas, são mais brandas que as dos menos atraentes.[13]

Uma pluralidade significativa de estudos tem demonstrado a relevância que as sociedades humanas atribuem à beleza. Eles também apontam várias situações nas quais ela afeta a vida das pessoas, quase sempre de maneira extremamente benéfica. Todos esses aspectos positivos decorrem da associação cultural entre beleza e bondade, entre beleza e capacidade, entre beleza e sensibilidade, entre beleza e inteligência, entre beleza e integridade. Esses fatores começam a operar na vida das pessoas nos primeiros anos de vida, motivo pelo qual elas elegem seus amigos a partir da aparência. Ser belo significa ter um conjunto de traços físicos considerados ideais; logo, quem os apresenta atrairá parceiros sexuais com maior facilidade e frequência, contará com maior apoio e incentivo de seus professores, conseguirá empregos com maior facilidade, receberá maior e melhor atenção médica e ascenderá socialmente com maior facilidade porque terá acesso às melhores oportunidades profissionais. A associação consciente e inconsciente entre

---

[13] Toledano, 2013, p. 693-670.

beleza e várias outras características positivas desempenha um papel relevante em vários processos decisórios, o que inclui a escolha de amizades até a definição de ocupantes de cargos de comando. Pessoas bonitas têm mais chances de conseguirem emprego; assim, desfrutam de maiores oportunidades de aperfeiçoamento e progresso profissional e obtêm maiores salários. Empregadores preferem contratar pessoas bonitas por acreditarem que isso lhes renderá mais ganhos financeiros, afinal os outros associam beleza com maiores níveis de eficácia pessoal e institucional. A percepção da beleza como algo que expressa bondade reforça a atratividade das pessoas em função da associação automática com características positivas. Essa inclinação cognitiva faz com que as pessoas moldem seus comportamentos de tal forma que elas beneficiarão esses indivíduos de diferentes maneiras, sempre às expensas de pessoas mais competentes mas menos atraentes.[14]

É também corrente o entendimento de que as vantagens associadas à aparência não decorrem apenas da posse de traços que correspondem a ideais estéticos institucionalizados, mas também da performance coerente de um indivíduo com padrões de gênero. As sociedades humanas atribuem lugares e funções aos diferentes grupos sociais e desenvolvem expectativas sobre seu comportamento. Homens bonitos e mulheres bonitas podem obter uma série de vantagens profissionais, desde que

---

[14] *Cf.* Mahajan, 2007, p. 168-169; Gumin, 2012, p. 769-771; Gehrke, 1994, p. 221-250.

suas ações estejam de acordo com comportamentos de gênero socialmente esperados. A beleza pode beneficiar homens de forma sistêmica, mas somente se eles não forem afeminados; ela também pode trazer vantagens para as mulheres que não desafiem normas culturais de gênero e que se adéquem aos padrões institucionalizados de conduta. Assim, a beleza geralmente produz vantagens para muitas pessoas, mas ela precisa estar atrelada a outras normas culturais, especialmente de gênero. Esse problema afeta especialmente mulheres, sobre as quais há expectativas de sempre se apresentarem socialmente de acordo com códigos de aparências criados por estruturas de poder masculinas.[15]

O debate sobre o que e quem é considerado bonito e atraente, bem como sobre os vieses relacionados à beleza, não deveria ser considerado irrelevante, apesar de ter suas consequências e influências subestimadas pelas pessoas em geral. Embora o senso comum repita que "a beleza está nos olhos de quem vê", há um evidente consenso sobre quem é considerado bonito e atraente mesmo entre indivíduos de diferentes gêneros, raças, idades, *status* e origens culturais. Dado o contexto alarmante de desigualdades baseadas em critérios de proteção especial como raça e gênero, dentre outros marcadores, muitos consideram a discriminação baseada na aparência como menos grave ou até mesmo impossível de ser enfrentada, se considerarmos que

---

[15] *Cf.* Harwood, 2007, p. 585-590.

vieses estéticos são inevitáveis. O senso comum subestima os efeitos da busca por adequação estética, bem como as desigualdades dela resultantes. No entanto, pessoas gastam tempo, dinheiro e saúde com o objetivo de atingir um determinado padrão estético, muitas vezes irreal ou inatingível. É preciso lembrar que aqui não estamos tratando de aspectos positivos da beleza, como aqueles vinculados à expressão individual, ou dos benefícios dos cuidados com a saúde física, mas sim de questões da aparência que resultam em desigualdades concretas a determinados grupos sociais. Muitos pensam que a discriminação baseada na aparência física apenas reflete preferências estéticas, mas esse fenômeno opera como um dos vários mecanismos responsáveis pela reprodução de hierarquias sociais.[16]

Exemplificadas algumas das desigualdades concretas causadas por vieses baseados na aparência, resta-nos compreender o que compõe esse considerado ideal de beleza. Conforme já aduzido em parágrafos anteriores, o que é considerado bonito é uma construção social variável, mas há um certo consenso do que é entendido como belo por grande parte das pessoas de uma cultura, em determinado momento da história. Segundo Enbar Toledano, a beleza é uma combinação de fatores tanto inatos quanto performados. Quanto ao aspecto biológico, no contexto estadunidense, mulheres com uma menor relação cintura-quadril e menor peso corporal tendem a ser

---

[16] Rhode, 2010, p. 1034.

consideradas mais atraentes. Já em relação aos homens, estes tendem a ser considerados mais atraentes quando são mais altos, musculosos e com maior relação cintura--quadril. Mulheres com rosto mais fino, nariz e queixo pequenos, olhos e boca grandes, maçãs do rosto bem definidas, pele homogênea e levemente rosada tendem a ser consideradas mais atraentes. Essas são características tidas como femininas, razão pela qual mulheres de características consideradas masculinas (como queixo ou nariz maiores, por exemplo) tendem a ser vistas como menos atraentes.[17] Mais uma vez, é importante observar que a beleza também pode ser performada, pois as pessoas podem ser aproximar dos ideais estéticos a partir de intervenções diversas, o que se aplica especialmente às mulheres. Elas podem alterar a aparência por meio de maquiagem, de cirurgias plásticas, do uso de roupas e acessórios, da alteração ou alternância do comprimento, do estilo e da cor de cabelo, entre outras estratégias. Em larga medida, essas ferramentas são utilizadas para mimetizar características biológicas relacionadas à feminilidade e à beleza. Ademais, cosméticos ou intervenções cosméticas permitem que mulheres e homens possam alcançar a almejada pele mais homogênea e macia – por exemplo, o *blush* garante o tom levemente rosado das bochechas e o batom dá maior contraste entre o tom da boca e o da pele.[18]

---

[17] Toledano, 2013, p. 683-714.

[18] Toledano, 2013, p. 683-714.

Compreendidos os elementos que compõem o ideal de beleza e considerando os aspectos raciais, etários e de gênero a ele atrelados, devemos questionar a quem é possível buscar adequação a um dado padrão estético, seja a partir de características biológicas, seja por meio de estratégias performáticas, bem como a quais grupos sociais é aplicada uma pressão estética desproporcional, passível de reverberar em desigualdades concretas. Mulheres são especialmente pressionadas a se ajustarem a padrões estéticos. Estudos de cerca de vinte anos atrás já apontavam que os gastos financeiros com aparência eram vultosos, chegando a quantias bilionárias todos os anos, sendo que mulheres gastam uma média de 45 minutos por dia apenas para se dedicar à aparência, além de tempo adicional significativo com compras, exercícios físicos e serviços estéticos. De uma certa perspectiva, a busca por cuidados estéticos, de higiene e de beleza não deixa de ter uma dimensão importante e positiva. Porém, o que queremos aqui é demonstrar a importância da aparência nas sociedades humanas e, mais do que isso, refletir sobre quem pode acessar – ou não – determinadas ferramentas performáticas de beleza que podem acarretar tratamento injusto.[19]

Um aspecto especialmente relevante para a discussão da injustiça estética precisa ser abordado de maneira mais detalhada: a discriminação estética está amplamente baseada na universalização de traços estéticos

---

[19] Rhode, 2010, p. 45-68.

associados à raça branca. Tomar a branquitude como norma significa institucionalizar uma referência estética como padrão e construir os traços de outros grupos raciais como desviantes. A percepção de que esses parâmetros são universais esconde o fato de que eles são culturalmente construídos e que representam uma forma de reprodução de poder social, o que é encoberto pela percepção generalizada entre pessoas brancas de que normas culturais simplesmente representam valores culturais inteiramente neutros. Esse processo cultural torna a estética branca um tipo de ideologia que procura explicar o mundo a partir de um conjunto de valores por meio dos quais a pessoa construirá sua percepção da realidade. Se, para pessoas brancas, essa construção carecerá de sentido porque elas entendem padrões estéticos como referenciais universais, para membros de outros grupos raciais ela será um padrão de opressão porque representa algo que não poderá ser alcançado. Entretanto, a universalização da estética branca permite que o grupo racial dominante possa utilizar tais critérios para justificar hierarquias sociais, ao atribuir a esses fatores características que os distanciam de ideais morais universais. A institucionalização da estética branca como referência para a consideração do valor moral permite que pessoas brancas se apresentem socialmente como inerentemente superiores e que minorias raciais sejam representadas como necessariamente inferiores. Essa realidade demonstra que a beleza é um tipo de capital social de imensa relevância, porque produz vantagens sistêmicas, motivo pelo qual parcelas significativas da nossa sociedade se esforçam para se aproximar desse ideal para melhorarem seu *status* social. Ser branco significa poder utilizar a institucionalização da estética branca para conseguir inúmeras vantagens sociais ao longo de toda a vida. Quanto mais próximo o indivíduo estiver do ideal ariano de beleza, maiores serão as chances de ele poder mobilizar recursos sociais em seu favor.[20]

Os julgamentos estéticos se tornam então um mecanismo por meio do qual a diferenciação de *status* entre grupos opera, produzindo efeitos negativos na vida de muitas pessoas. Sentimentos de superioridade racial estão amplamente ligados à associação da negritude a traços morais negativos; o mesmo processo que provoca a preferência por pessoas do mesmo grupo racial, uma vez que elas são percebidas como indivíduos de qualidades positivas, especialmente aquelas consideradas bonitas. A beleza opera largamente como um critério de julgamento moral racializado, uma vez que expressa a perspectiva de membros do grupo racial dominante, pessoas que controlam os mecanismos simbólicos por meio dos quais os sentidos sociais são construídos. A presença pervasiva da discriminação estética no espaço de trabalho evidencia um processo por meio do qual estruturas sociais racializadas procuram tornar o espaço corporativo um lugar de retenção de oportunidades para pessoas brancas, o que cria obstáculos significativos para

---

[20] *Cf.* Mahajan, 2007, p. 172-173; Kang, 1997, p. 207-208.

a integração de minorias raciais. Os ambientes profissionais racialmente homogêneos criam uma situação na qual pessoas brancas se identificam umas com as outras e tornam aquele lugar uma instância que deve ser ocupada apenas por pessoas de seu grupo. Assim, a identificação da feiura com a negritude faz com que a estética branca se torne o parâmetro a partir do qual se consolida uma cultura institucional identificada com pessoas brancas e com a estética branca.[21]

Por que juristas deveriam se preocupar com a onipresença de julgamentos estéticos nas diferentes esferas da vida social? Nossa Constituição Federal estabelece a construção de uma sociedade baseada na justiça social como o objetivo central do nosso sistema jurídico. Viver em uma sociedade justa significa ser reconhecido como alguém cujo nível de dignidade é o mesmo de todas as outras pessoas, motivo pelo qual todas elas devem ter o mesmo apreço social. Além disso, há um consenso jurisprudencial e doutrinário de que os direitos fundamentais apresentam um caráter horizontal, razão pela qual eles obrigam agentes públicos e privados; agentes privados também devem proteger e promover direitos fundamentais.[22] A utilização de critérios estéticos para a determinação de oportunidades profissionais representa uma maneira de injustiça que especialistas classificam como *discriminação estética*. Esse fenômeno provoca uma

---

[21] Bento, 2022, p. 69-79.

[22] Dimoulis; Martins, 2021, p. 105-109; Alexy, 2006, p. 523-533.

série de tratamentos injustos que têm base na aparência das pessoas, critério sem correlação com sua competência profissional. Tendo em vista o fato de que critérios estéticos utilizam traços de um grupo para julgamento de todos os outros, a discriminação estética opera como um mecanismo produtor de desigualdades.[23]

---

[23] Adamitis, 2000, p. 187-203; Mahajan, 2007, p. 165-173.

Capítulo II

Discriminação estética: definição e pressupostos

Como tem sido amplamente afirmado por especialistas, o termo *discriminação* designa um ato ou uma série de atos que provocam *desvantagens* para as pessoas, situação contrária ao preceito constitucional que obriga o mesmo tratamento entre pessoas que estão igualmente situadas. Por outro lado, a igualdade implica a exigência de tratamento desigual quando as pessoas ocupam posições distintas nas diversas hierarquias sociais e, ainda, a necessidade de reconhecimento do mesmo valor moral quando elas não têm o mesmo nível de respeitabilidade social. É importante notar que o termo *discriminar* significa simplesmente categorizar pessoas ou situações a partir de um determinado critério, fato seguido pela atribuição de alguma consequência jurídica. Esse é um procedimento seguido por instituições públicas todos os dias, mas ele se torna arbitrário quando produz alguma desvantagem para as pessoas ou um grupo de pessoas atingidas por uma norma que diferencia os indivíduos. Pode-se dizer que uma pessoa está sendo discriminada quando é atingida por algum tratamento que provoca algum tipo de desvantagem, o que contraria a necessidade de observação do princípio da equidade entre todos os membros da comunidade política. Assim, *discriminar* significa produzir desvantagens, o que pode ocorrer por meio do impacto de normas arbitrárias, por práticas que afetam as minorias de forma desproporcional ou por processos sociais responsáveis pela reprodução da condição de vulnerabilidade ao longo do tempo e em diferentes esferas da vida.[24]

Por conseguinte, a discriminação estética pode ser definida como um tratamento arbitrário baseado na aparência, pois envolve a utilização de padrões institucionalizados de beleza para o julgamento da capacidade profissional das pessoas, o que viola o princípio da equidade, uma vez que não há relação racional entre aparência pessoal e capacidade profissional. Alguns elementos caracterizam esse fenômeno social. Em primeiro lugar, essa avaliação arbitrária da capacidade laboral dos indivíduos traz vantagens para alguns e desvantagens para outros. Ela é vantajosa para aqueles que correspondem aos ideais de beleza, que são interpretados como mais competentes e produtivos, mas traz desvantagens no espaço de trabalho para quem está distante desses padrões: essas pessoas são sistematicamente prejudicadas em função da atribuição de sentidos negativos a certas características físicas que não correspondem a ideais estéticos, o que motiva tratamentos diferenciados em uma pluralidade de situações nos espaços corporativos. Em segundo lugar, a discriminação estética expressa a busca pela homogeneização do corpo

---

[24] Moreira, 2020, p. 324-354.

de funcionários, o que muitos empresários acreditam ser benéfico. Empregadores estabelecem falsas correspondências entre aparência e competência, entre aparência e eficácia e entre aparência e produtividade para garantir oportunidades ou para impedir o acesso a elas. Esse problema prejudica indivíduos e grupos de indivíduos, uma vez que a discriminação estética frequentemente incide sobre características de certas coletividades. Em terceiro lugar, é importante observar que mesmo pessoas bonitas podem sofrer desvantagens em algumas situações. Isso pode ocorrer quando elas violam normas culturais de gênero ou quando seus corpos são utilizados de forma estratégica para ganhos financeiros de seus empregadores, sendo que quaisquer alterações físicas acarretam perda dessas vantagens, motivo pelo qual a discriminação estética implica a vigilância permanente de empregadores sobre diversos aspectos da aparência dos seus funcionários. Em quarto lugar, o tipo de tratamento discriminatório em questão decorre amplamente da institucionalização dos ideais estéticos associados a pessoas brancas, motivo pelo qual membros de grupos raciais subalternizados são sempre prejudicados de forma desproporcional por ele. Em quinto lugar, a discriminação estética decorre da presença pervasiva de vieses culturais no espaço corporativo, o que motiva atos discriminatórios tanto inconscientes quanto conscientes.[25]

---

[25] *Cf.* Hofmann, 2023, p. 4-5; Rhode, 2009, p. 91-117; Toledano, 2013, p. 683-690.

O que estamos chamando de discriminação estética envolve alguns elementos relevantes. Julgamentos baseados na aparência podem ser puramente estéticos. Eles podem ser meios a partir dos quais se avalia o caráter ou a moralidade da pessoa e podem ser parâmetros para se determinar sua possível performance profissional. O primeiro tipo de discriminação estética é o *tratamento discriminatório baseado na beleza física da pessoa*: os que detêm certos traços reconhecidos como sinais de ideais estéticos são privilegiados no mercado de trabalho, enquanto os que não os têm são rejeitados nessa dimensão da vida social. Nossa percepção do nível da atração física de uma pessoa influencia a forma como a tratamos em uma pluralidade de situações, seja no espaço privado, seja no espaço público. Essa dimensão da discriminação estética envolve, em primeiro lugar, julgamentos sobre a atratividade de um indivíduo, mas ela pode assumir outras formas. A percepção de quem pode ser considerado atraente está amplamente associada a certas identidades sociais, motivo pelo qual a discriminação estética também pode implicar um tratamento desfavorável em função do pertencimento de um indivíduo a certos grupos socialmente vistos como inferiores, o que é o caso de minorias raciais. Assim, esse tipo de tratamento desvantajoso também pode estar baseado na percepção de características associadas a certos grupos minoritários, o que surge então como uma motivação para criar indisposição contra todo um grupo de pessoas. Assim, a repulsa por pessoas de pele escura serve como parâmetro para a discriminação de grande parte de pessoas de ascendência africana porque esse traço desperta rejeição, embora seja um processo de atribuição de valores criado e reproduzido pela própria cultura branca.[26]

O segundo tipo seria a *discriminação baseada na aparência*, o que ocorre quando uma pessoa sofre desvantagens no mercado de trabalho por destoar de padrões estéticos vigentes em função de uma característica específica que contraria códigos de aparência. Esse traço pode designar características socialmente estigmatizadas, pode ser visto como evidência de que seus portadores não são competentes ou não detêm as qualidades necessárias para trabalharem em uma determinada empresa. Aqui estamos diante de algo que não designa necessariamente um grupo social, mas que é utilizado como base para julgamentos morais. Por exemplo, obesos são frequentemente julgados pela aparência porque muitos associam a obesidade a um produto de um estilo de vida baseado na ausência de controle individual. Esse tipo de comportamento causa danos a uma pluralidade de pessoas, porque a obesidade está envolvida com problemas de ordem hormonal e econômica. Assim, trata-se de um julgamento moral injusto porque ignora uma pluralidade de questões sociais. Também é importante observar que muitas pessoas acreditam que certas características físicas são indícios de determinados traços de personalidade. Por exemplo, se, para muitos, a baixa estatura pode indicar

---

[26] Hofmann, 2023, p. 5-6; Kang, 1997, p. 306-314.

ausência de autoridade, a alta estatura pode significar o contrário. A discriminação baseada na aparência ocorre frequentemente em função da adoção de códigos de aparência que elegem certas características como indesejáveis para os que desempenham certas funções. O tamanho do cabelo, o tipo de penteado, o uso de barba, o uso de acessórios e a presença de tatuagens podem ser motivo para a perda de oportunidades profissionais.[27]

O problema que estamos analisando também inclui a questão da *violência estética*, que consiste na utilização de padrões culturais de beleza para determinar o valor pessoal dos indivíduos, as funções que eles podem desempenhar e para instituir e legitimar padrões de vigilância institucional sobre seus corpos. A violência estética inclui indivíduos submetidos ao *trabalho estético*, termo que designa práticas que procuram obter lucro com a exploração econômica da aparência dos funcionários, que é submetida, então, a um processo permanente de controle.[28]

Um aspecto importante da discriminação estética deve ser adequadamente abordado. O julgamento da capacidade profissional dos candidatos a partir da aparência dos indivíduos é um exemplo da operação de *esquemas mentais* que determinam a percepção das pessoas do valor e da capacidade dos indivíduos. O psiquismo humano opera por meio de um processo permanente de

---

[27] Rhode, 2009, p. 1037-1040; Wang, 2008, p. 1916-1919.

[28] Hofmann, 2023, p. 4.

categorização a partir de critérios socialmente aprendidos, o que ocorre para que todos os estímulos que chegam ao nosso sistema perceptivo possam fazer sentido. As pessoas aprendem a atribuir sentidos e qualidades a certas características, o que permite a intelecção dos diversos aspectos da realidade. A classificação de nossas experiências a partir desses critérios possibilita a universalização das categorias que utilizamos para atribuir sentidos às nossas experiências. Nosso psiquismo sempre recorrerá a eles para poder criar parâmetros de comportamento que serão seguidos todas as vezes que nos depararmos com pessoas que apresentam as mesmas características ou todas as vezes que enfrentarmos situações semelhantes. Os processos de percepção, categorização e universalização formam o que tem sido chamado de "esquemas mentais", algo que descreve a operação dos nossos processos mentais. Eles são a base de operação de *cognições sociais*, expressão que designa valores internalizados que constituem o conteúdo dos nossos padrões de interpretação do mundo que determinam os parâmetros a partir dos quais processamos informações e pautamos nossas ações na vida cotidiana.[29]

Esquemas mentais são elementos centrais da operação de preconceitos, de estereótipos e de vieses. Preconceitos são reações emocionais negativas que muitos indivíduos desenvolvem em relação a outros socialmente construídos como diferentes ou inferiores, são

---

[29] *Cf.* Moreira, 2020, p. 358-364; Kang, 2004, p. 1498-1506.

predisposições sobre pessoas com as quais eles têm pouca ou nenhuma interação, pois pensam que as generalizações internalizadas sobre eles são verdadeiras. Suas falsas percepções são a única fonte de conhecimento sobre o outro, situação que perpetua atitudes discriminatórias ao longo de toda a vida. Os estereótipos são falsas generalizações feitas sobre membros de determinados grupos e podem ser descritivos, prescritivos ou relacionais. Os estereótipos descritivos são utilizados para designar supostas características de um determinado grupo; os prescritivos para indicar as funções que eles podem ocupar; e os relacionais estão associados ao fato de que a atribuição de uma qualidade a um grupo implica a atribuição de um traço oposto a membros de um grupo correlato. Vieses designam o modo como esquemas mentais que operam de forma consciente ou inconsciente direcionam nossa percepção do outro e nosso comportamento em relação a ele em uma direção ou outra revelando ausência de reflexão adequada, uma vez que nossas percepções apenas refletem generalizações ou preferências tendenciosas sobre certas categorias de pessoas.[30]

Todos esses elementos estão presentes nas diferentes formas de discriminação estética. A discriminação baseada na aparência das pessoas advém de antecipações feitas sobre o comportamento e a competência delas

---

[30] Moreira, 2020, p. 357-367; Krieger, 1994, p. 1161-1245; Witley; Kite, 2010, p. 77-121.

a partir da proximidade ou da distância de padrões de beleza. Ela encontra fundamento nas generalizações que fazemos sobre membros de certos grupos sociais que apresentam características vistas como incompatíveis com padrões institucionalizados de aparência; ela decorre da internalização de valores culturais que moldam nossa percepção da competência profissional dos indivíduos, fazendo com que tenhamos preferências por pessoas que apresentam certas características e aversão pelas que se afastam desse ideal. Essas práticas incluem o tratamento diferenciado das pessoas que não se enquadram em padrões de beleza institucionalizados, a discriminação contra pessoas de características diferentes das regras de apresentação pessoal adotadas pela empresa e o tratamento privilegiado de pessoas consideradas como bonitas com a garantia de contratação e melhores salários. Esses estereótipos podem impedir o acesso a posições de trabalho, bem como motivar a exclusão da possibilidade de promoção, a segregação no espaço de trabalho, a vulnerabilidade a diferentes formas de assédio moral e práticas discriminatórias. Em suma, a discriminação estética motiva atos individuais e práticas institucionais que impactam positivamente alguns e negativamente outros. Enquanto a beleza desperta empatia imediata, sua ausência causa indiferença ou repulsa, fatos que trazem consequências diversas para esses grupos, uma vez que julgamentos estéticos motivam a disposição psicológica que um indivíduo tem em relação ao outro, sendo que quase sempre ela motiva atos prejudiciais às pessoas, por estarem baseados em premissas falsas.[31]

Vemos então que a discriminação estética pode estar presente no critério de análise da possibilidade de admissão de uma pessoa, ou então num parâmetro para o exame das chances de progressão profissional de um indivíduo; ela pode produzir a segregação espacial no ambiente laboral motivada pela separação de funções a partir da aparência; e pode ser responsável pela diferença de salários entre as pessoas, porque determina quem poderá desempenhar funções com melhor compensação salarial. A discriminação estética gera um tipo específico de injustiça decorrente da diferenciação de tratamento baseado na aparência, o que produz consequências negativas para muitos indivíduos, como perda de oportunidades profissionais, desigualdade salarial significativa, sofrimento psíquico decorrente de insegurança econômica, entre outros fatores responsáveis pela marginalização de pessoas.[32]

Sabe-se que práticas discriminatórias causam uma série de *danos* a indivíduos e seus grupos. Os seres humanos são titulares de direitos fundamentais, *status* que designa o gozo de liberdades necessárias para a garantia da integração social. Esses direitos fundamentais protegem âmbitos da ação individual em função dos quais os seres humanos poderão instituir sentidos e propósitos

---

[31] Hofmann, 2023, p. 8-9; Corbett, 2007, p. 155-175.

[32] Mahajan, 2007, p. 167-176; Reilly, 1995, p. 261-272.

para as suas ações. Eles também implicam a proteção de uma série de interesses que designam condições mínimas para as pessoas poderem operar na vida social. Práticas discriminatórias causam *danos materiais* aos indivíduos porque produzem a marginalização econômica, provocam *danos morais* às pessoas porque estão baseadas na pressuposição de que elas não são atores sociais competentes e geram também *danos existenciais*, uma vez que criam obstáculos para que as pessoas possam alcançar objetivos de vida. Violações de direitos fundamentais, como o acesso e a permanência no trabalho em função da aparência, podem ser classificadas como danos dessas três ordens porque impedem a realização de um interesse relevante, que é a possibilidade de o indivíduo ter acesso ao mercado de trabalho, um direito necessário para a realização de vários outros.[33]

A falsa correspondência entre aparência e competência não representa somente custos individuais provocados pela discriminação estética, mas também implica custos sociais e coletivos. Isso porque há uma violação dos princípios da eficiência e da produtividade, na medida em que a competência e a capacidade laboral não se apresentam como os reais critérios para contratação e promoção de profissionais. Vemos então que a discriminação estética no ambiente de trabalho, considerando a busca por resultados, é irracional e pode impactar, em maior escala, a própria performance das empresas. Julgamentos estéticos

---

[33] *Cf.* Soares, 2009.

e as desigualdades concretas deles decorrentes também devem ser compreendidos como uma questão a ser enfrentada por nossos tribunais, pois reforçam outras formas de discriminação sofridas por grupos que já são discriminados – em função de raça, gênero ou condição física. Podemos dizer que estamos diante de um tipo de prática discriminatória que produz a injustiça estética: pessoas que não correspondem a padrões de aparência vigentes sofrem um processo permanente de desvantagem que se estende ao longo de toda a vida laboral, o que contribui para a reprodução de processos de estratificação social, uma vez que esse tipo de tratamento arbitrário muitas vezes incide sobre elementos que designam coletividades que já enfrentam outros tipos de disparidade.[34]

É importante observar outro aspecto do tipo de discriminação que estamos analisando. Esse tipo de tratamento arbitrário encontra amplo apoio em muitas sociedades em função de alguns elementos pouco explorados. Um deles é *desracialização dos padrões estéticos utilizados para julgar a capacidade profissional dos indivíduos*. Esses critérios são apresentados como normas universais, embora estejam amplamente associados aos traços fenotípicos de pessoas brancas. Ao eliminar os aspectos culturais dos julgamentos estéticos, membros do grupo racial dominante reproduzem a noção de que referências estéticas não estão associadas à raça, mas sim a padrões que transcendem características de quaisquer grupos. Na verdade, estamos

---

[34] Rhode, 2010, p. 1052.

diante de um processo cultural responsável por um tipo de assimilação forçada: as pessoas precisam se assemelhar aos padrões estéticos brancos para terem oportunidades culturais. Outro aspecto da dinâmica psíquica da discriminação estética deve ser mencionado: os mecanismos a partir dos quais pessoas brancas atribuem características negativas a traços físicos de pessoas de outros grupos e depois desenvolvem uma atitude de repulsa por algo que elas mesmas criaram. O processo de racialização permite então uma constante atribuição de aspectos negativos a características físicas de membros de outras raças, o que é visto posteriormente como evidência da suposta inferioridade moral dos que pertencem a outros grupos raciais.[35]

Devemos também examinar outro fenômeno amplamente relacionado com a discriminação estética: o fenômeno do *covering* (acobertamento), conceito proposto pelo jurista Kenji Yoshino.[36] Esse termo designa o ato de alguém minimizar características pessoais com o objetivo de se aproximar dos padrões tidos como socialmente aceitáveis, fato que expressa um aspecto importante da discriminação estética: *a assimilação forçada*. A pessoa procura então retirar o foco de um traço pessoal para que outros sejam considerados. Segundo o autor, a discriminação aberta de indivíduos baseada em traços como raça e gênero tem se tornado cada vez menos comum na sociedade norte-americana, pois passou a ser substituída

---

[35] Kang, 1997, p. 298-305.

[36] Yoshino, 2001, p. 769-933.

e acobertada por novos tipos de discriminações. Estas não se aplicam a grupos inteiros, mas sim àquelas pessoas que se recusam a encobrir as características que as diferenciam; em outras palavras, que não aceitam a assimilação imposta pelas normas do grupo dominante. É importante destacar que a assimilação, em seu modelo clássico, se subdivide em três formas distintas, as quais operam independentemente umas das outras. A primeira delas é o já citado *covering*, ou seja, quando o indivíduo encobre as características que o diferencia. A segunda é o *passing*, quando a pessoa se comporta de modo a aparentar pertencer ao grupo dominante. Por último, a terceira forma pode ser chamada de *conversion* e corresponde ao momento em que o indivíduo internaliza aquilo que exteriorizou nas fases anteriores. Esse modelo clássico não apenas indica três formas de assimilação distintas, mas também modelos diversos de discriminação. Isso porque a maior possibilidade de modulação de traços identitários implica também novas formas de tratamento discriminatório como os já mencionados. Assim, para evitar desvantagens no mercado de trabalho, muitos membros de grupos raciais subalternizados procuram se aproximar ao máximo do ideal estético dominante; outros tentam a todo custo se apresentar como membros do grupo dominante pelo ocultamento de suas origens; enquanto outros procuram adotar todos os valores e formas de ser dos membros do grupo dominante.[37]

---

[37] Yoshino, 2001, p. 783-835; Harris, 2019, p. 895-973.

Capítulo III

Os mecanismos da discriminação estética

Vimos que a discriminação estética está baseada na presença pervasiva de julgamentos feitos a partir da aparência pessoal no espaço laboral, uma vez que muitos indivíduos responsáveis pela admissão ou promoção de candidatos utilizam critérios estéticos para tomar uma série de decisões. Ela é amplamente praticada por vários motivos: por causa de um processo de socialização que ensina as pessoas cotidianamente a estabelecerem correlações diretas entre beleza física e qualidades morais, para atender às preferências privadas de consumidores potenciais, para criar uma identificação entre a qualidade de produtos com segmentos sociais privilegiados e por causa da prevalência do racismo nas sociedades humanas. Esse problema social decorre ainda da inexistência de legislação que reconheça a aparência como um critério de proteção jurídica especial; veremos adiante que condenações dessa prática são justificadas a partir da discriminação baseada na raça ou no gênero. Por outro lado, certas jurisdições permitem que empregadores deixem de contratar ou despeçam funcionários por quaisquer motivos, entre eles critérios estéticos.

A discriminação estética está amplamente associada a outras práticas discriminatórias que operam no espaço corporativo, como a discriminação interpessoal, a interseccional, a racional, a inconsciente, a institucional e a organizacional. Ela também pode assumir a forma de microagressões. Algumas vezes, ela aparece como manifestações delas; outras vezes são tais discriminações que derivam da discriminação estética. Esse tipo de tratamento arbitrário assume a forma de discriminação interpessoal porque ocorre nas interações entre indivíduos em ambientes corporativos. Muitas pessoas se comportam em relação a outras a partir de julgamentos morais feitos com base na aparência física; a presença de uma característica que designa um determinado grupo socialmente estigmatizado influencia as atitudes de um indivíduo em relação a outro em uma pluralidade de situações. A atratividade ou a ausência dela faz com que as pessoas estejam mais ou menos dispostas a interagir com certos indivíduos e a oferecer orientações ou oportunidades profissionais.[38]

Observamos que membros de mais de um grupo subalternizado são especialmente vulneráveis à discriminação baseada na aparência, especialmente mulheres que são parte de minorias raciais. A raça opera como um fator de discriminação estética em sociedades nas quais critérios de beleza são identificados com traços fenotípicos de pessoas brancas; assim, a discriminação estética pode afetar especialmente mulheres de pele escura, pois incide sobre a raça e o gênero dos indivíduos. Mulheres

---

[38] *Cf.* Moreira, 2020, p. 432-446; Corbett, 2007, p. 155-165.

são sempre pressionadas para demonstrar perfeição estética, especialmente no espaço corporativo. Aquelas que pertencem a grupos minoritários são, então, duplamente prejudicadas em função da pressão estética sobre gênero e em função da pressão por assimilação aos padrões estéticos brancos. A cultura corporativa estabelece controle sobre o corpo de mulheres que pertencem a minorias raciais, institui um ideal de adequação estética que tem como modelo a mulher branca, impõe códigos de comportamento que procuram emular o homem branco, um ideal que elas não conseguem atingir. Assim, o aspecto interseccional da discriminação estética demonstra que muitas mulheres que pertencem a grupos raciais subalternizados são submetidas a diferentes dimensões do trabalho emocional, à pressão para conformar o comportamento a ideais institucionalizados e às exigências de empregadores e clientes.[39]

Muitos empregadores procuram justificar preferências estéticas como um tipo de discriminação racional: segundo eles, a preferência por funcionários brancos, jovens, magros ou por mulheres não expressa animosidade em relação a membros de outros grupos, mas simplesmente uma tentativa de alinhamento dos critérios de seleção com as preferências privadas de clientes ou com o público ao qual seus produtos são dirigidos. A discriminação estética seria um tipo de cálculo racional baseado em interesses institucionais e não na intenção de

---

[39] Bartlett, 1994, p. 2541-2582; Friedricks, 2015, p. 503-520.

excluir membros de grupos subalternizados de oportunidades profissionais. Uma vez que ela não está baseada em animosidade em relação a membros de um certo grupo, mas está racionalmente relacionada com um interesse legítimo – a lucratividade –, ela não pode ser considerada ilegal. Esse argumento encontra legitimidade também na premissa segundo a qual empregadores são protegidos pelo direito de livre associação, o que os permite escolher as pessoas com as quais eles querem trabalhar. A liberdade garantida de escolhas privadas abre a possibilidade para que empregadores possam estabelecer uma pluralidade de critérios que não prejudiquem a ordem pública, motivo pelo qual esse tipo de tratamento diferenciado deve ser aceito.[40]

Por ser praticada por representantes de instituições públicas e privadas, a discriminação estética também pode ser caracterizada como um tipo de discriminação institucional. Esse raciocínio se justifica pelo fato de que corporações são instituições privadas nas quais as pessoas desenvolvem atividades profissionais, aspecto central para a inclusão social. Os que praticam a discriminação estética nesse espaço podem ser motivados por critérios estéticos pessoais, mas a motivação também pode vir de uma cultura institucional. Esse tipo de discriminação pode assumir quatro modalidades distintas: (i) negação de acesso à instituição; (ii) discriminação dentro da instituição; (iii) discriminação no oferecimento do serviço;

---

[40] Alexander, 1992, p. 151-166.

e (iv) negação de acesso aos serviços da instituição. A discriminação baseada na aparência assume todas essas formas: critérios estéticos são utilizados para impedir o acesso de pessoas a postos de trabalhos nas instituições, para impor formas de tratamento arbitrárias a indivíduos com certas características que trabalham nelas; a aparência física determina a forma como funcionários tratam clientes e pode determinar se uma pessoa será atendida ou não por funcionários.[41]

É importante notar que esse tipo de tratamento desvantajoso não decorre apenas de políticas institucionais; ele pode acontecer independentemente de normas oficiais dessa natureza, uma vez que indivíduos são culturalmente treinados para reconhecer competência profissional apenas em certos grupos de pessoas e para associar a incompetência profissional a outros. A discriminação estética pode assumir a forma de discriminação inconsciente por pessoas que desempenham cargos de poder dentro do espaço laboral. Com isso, a prática dessa modalidade de discriminação, de forma implícita, faz com que mesmo pessoas que não se consideram racistas ou machistas imponham desvantagens a membros de certos grupos subalternizados. Isso está intrinsecamente relacionado com a questão de vieses inconscientes, tendo em vista que o julgamento estético também apresenta um caráter individual. Esse tipo de discriminação ocorre de modo quase automático, uma vez que certas

---

[41] Moreira, 2020, p. 456-465.

características físicas despertam reações emocionais e cognitivas imediatas, sendo que elas estão baseadas em construções e vivências individuais, mas culturalmente aprendidas.[42]

É importante, então, reconhecer que julgamentos estéticos determinam a proximidade e a distância entre as pessoas dentro de um ambiente. Isso porque elas tendem a se unir àqueles com os quais se identificam. Essa identidade pode ser conferida por meio de diversos aspectos, como social, cultural e físico. Por ser o primeiro aspecto por meio do qual as pessoas identificam o *status* das demais, a aparência constitui a primeira barreira ou o primeiro fator de promoção da integração social, o que demonstra os problemas relacionados com a imposição de padrões estéticos como critério de respeitabilidade social, pois os que não estão dentro deles sempre enfrentam diferentes mecanismos de discriminação nos diversos espaços sociais. Por fim, conforme será aprofundado a seguir, entende-se que não se pode esperar que uma lei antidiscriminatória suprima, de modo independente, todas as formas de discriminação existentes nos espaços de trabalho, visto que isso está enraizado na sociedade. Portanto, por se tratar de um problema complexo e profundo, para uma efetiva mudança, é necessária uma transformação nos valores e nos paradigmas sociais que operam dentro do espaço corporativo. A discriminação estética também assume a forma de discriminação

---

[42] Lawrence III, 1986, p. 317-388.

organizacional porque ocorre no espaço laboral, instância que reproduz uma série de padrões culturais que motivam o comportamento dos indivíduos.[43]

Critérios de beleza, produto de representações culturais que espelham as relações de poder existentes dentro de uma sociedade, sempre expressam características dos membros dos grupos dominantes. Muitas empresas tendem a contratar e selecionar seus empregados para que estes se transformem no "corpo estético" da organização. Com isso, os funcionários passam a ser a personificação da instituição, expressando a identidade dela. Isso se dá por conta da discriminação estética, processo que, como anteriormente definido, consiste na adoção de critérios de beleza para a contratação de funcionários e funcionárias.

A discriminação estética gera uma série de consequências negativas para a nossa sociedade. Primeiro, ela pode ser vista como a causa direta do estresse emocional daqueles que não conseguem encontrar trabalho em função da aparência, daqueles que não progridem profissionalmente por não se adequarem a critérios estéticos e daqueles que precisam sempre ajustar a aparência ou o comportamento para que possam ter oportunidades profissionais. As diversas formas de discriminação sofridas no espaço do trabalho assumem configurações mais amplas quando consideramos o fato de que o exercício do direito ao trabalho é uma das condições centrais para que as pessoas possam construir seus planos de vida.

---

[43] Bagenstos, 2006, p. 5-15; Green, 2007, p. 854-865.

Esse tipo de tratamento arbitrário provoca altos níveis de sofrimento social porque as pessoas são impactadas por ele ao longo de toda a vida laboral, problema que não atinge apenas o indivíduo, mas todos aqueles que dependem dele financeiramente.[44] Vieses baseados na aparência refletem e reforçam privilégios de classe, na medida em que garantem benefícios àquelas pessoas que têm tempo e dinheiro suficientes para investirem na busca do padrão de beleza determinado, seja por meio de roupas, maquiagem, procedimentos estéticos ou estratégias de emagrecimento. Os que não são financeiramente capazes são afetados por códigos de aparência que contribuem para a estratificação social, uma vez que perderão oportunidades profissionais. É importante observar que o desprezo por pessoas que destoam de ideais estéticos contribui para a preservação de uma cultura que patologiza traços considerados como sinais de feiura, fato responsável por um tipo de darwinismo social que reitera a ideia de que essas pessoas são inferiores, uma vez que sofrem desvantagens econômicas significativas em função dessa lógica cultural e institucional.[45] A discriminação estética também reproduz outros tipos de disparidades sociais – por exemplo, quando consideramos que a prevalência de obesidade em determinada população está relacionada à pobreza e, como um círculo vicioso, também à

---

[44] *Cf.* Winters, 2020; Adamitis, 2000, p. 212-220.

[45] Kang, 1997, p. 288-296.

manutenção ou ao reforço de condições de vulnerabilidade econômica. Assim, o processo de atribuição de características negativas a pessoas obesas encontra legitimação nos resultados das próprias práticas discriminatórias, o que é discursivamente encoberto pela culpabilização do outro.[46]

A associação entre beleza/virtude e branquitude motiva vieses psicológicos por meio dos quais a branquitude é automaticamente percebida como evidência de competência profissional. É certo que pessoas brancas também são vítimas de diferentes modalidades de discriminação estética, mas a universalização da estética branca as protege de presunções que vinculam identidade racial e competência profissional. A discriminação estética provoca a reprodução e a institucionalização de estereótipos raciais, uma vez que ela está constituída a partir de falsas presunções sobre a capacidade profissional de minorias raciais e da suposta superioridade de pessoas brancas. Esse fator legitima uma cultura organizacional que busca criar um corpo de funcionários racialmente homogêneo como expressão de eficiência e competência institucional. Esse tipo de procedimento é outro parâmetro que impede pessoas negras de poderem obter os benefícios do investimento na educação, motivo pelo qual ela se mostra como mais um elemento que promove a discriminação intergeracional.[47]

---

[46] Passaglia, 1994, p. 841-844.

[47] Mahajan, 2007, p. 171-173; Kang, 1997, p. 298-305.

Dizer que a discriminação estética reproduz estereótipos raciais significa também afirmar que julgamentos estéticos baseados em características relacionadas com certos grupos promovem a preferência por pessoas do próprio grupo e a animosidade em relação a outros grupos sociais. Uma vez que critérios de beleza são largamente racionalizados, a preferência por pessoas bonitas implica a reprodução da noção de que pessoas brancas são naturalmente boas, motivo pelo qual o contato com elas se justifica. A construção da negritude como o oposto da beleza física reitera a noção de que brancos não devem se associar a pessoas de outras raças porque elas carecem de virtudes morais. Por conseguinte, julgamentos morais baseados na aparência das pessoas são outro mecanismo que promove a segregação racial e o ostracismo de indivíduos que possuem alguma característica socialmente estigmatizada. Estamos então diante de um processo social que reproduz no espaço laboral os mesmos problemas existentes no espaço público.

Por fim, esse tipo de discriminação estética representa uma restrição à liberdade individual e à expressão individual. Determinados aspectos da aparência que podem parecer insignificantes para alguns muitas vezes são, em verdade, centrais para outros no que diz respeito a expressões culturais, étnicas, religiosas e de gênero. Por exemplo, quando mulheres negras são proibidas de usarem seu cabelo natural ou estilizado com tranças ou *dreads*, não se trata apenas de gosto estético, mas também de um aspecto identitário e ancestral de fundamental importância. Como códigos de aparência espelham a estética branca, pessoas negras são afetadas por esse tipo de procedimento. E, conforme já mencionado, a discriminação estética não afeta a liberdade individual apenas nesse plano: ela prejudica pessoas negras de maneira mais ampla porque cria obstáculos para que elas possam realizar seus planos de vida, e isso afeta não apenas a pessoa que sofre desse problema como também todos os que dependem dela direta ou indiretamente.[48]

---

[48] *Cf.* Caldwell, 2013, p. 365-398.

Capítulo IV

Discriminação estética: história e jurisprudência estrangeira

A discriminação baseada na aparência nos tribunais estrangeiros

Assim como outras teorias a respeito da discriminação, análises sobre a discriminação estética tiveram início nos Estados Unidos, jurisdição na qual empregadores detêm uma ampla margem de autonomia para implementar critérios para a contratação ou demissão de funcionários. Eles podem deixar de contratar ou demitir funcionários sem quaisquer causas concretas, desde que os motivos não violem regras presentes na legislação estadual ou federal. Essas normas impediram diversas práticas presentes no mercado de trabalho como formas sistemáticas de discriminação baseadas na raça e no gênero, o que possibilitou o aumento da diversidade nos espaços corporativos. Entretanto, sistemas discriminatórios têm uma natureza dinâmica, motivo pelo qual membros de grupos majoritários sempre criam estratégias para manter certos grupos sociais em uma condição subordinada. Surge, então, a dificuldade de identificar e combater essas práticas a partir das categorias legalmente protegidas. A dificuldade de identificação e combate torna a discriminação estética extremamente prejudicial. Os atributos sobre os quais ela incide não podem ser alterados. Ademais, eles não apresentam uma relação racional com o propósito dos empregadores de selecionar as pessoas mais competentes. É preciso indicar ainda a dificuldade associada com a identificação do peso da discriminação estética como motivação para tratamento desvantajoso, um dos motivos pelos quais muitas jurisdições não a reconhecem expressamente como uma violação do princípio da igualdade.[49]

A evolução histórica e jurisprudencial do conceito de discriminação estética ocorreu por meio da classificação desse fenômeno como discriminação racial, como discriminação de gênero, como discriminação indireta e como discriminação institucional. Os tribunais examinam essa prática a partir de princípios interpretativos, notoriamente a razoabilidade. Eles questionam se a ação da empresa pode ser justificada a partir de algum interesse legítimo, nesse caso uma análise da coerência da restrição com algum interesse legítimo. Nossos tribunais seguem o mesmo caminho, indagando se a exigência de adequação a algum código de aparência pode ser justificada. Embora não apresentem uma definição adequada da discriminação estética, eles reconhecem que se trata de fenômeno social que impede o gozo do direito ao trabalho, classificado como um direito fundamental.

A dificuldade de identificação desse tipo de discriminação pode ser demonstrada por meio de uma das

---

[49] Toledano, 2013, p. 685-690.

primeiras decisões nas quais o tema do que hoje chamamos de discriminação estética foi discutido, fato que gerou uma literatura significativa. A decisão da Suprema Corte de Nova York no caso *Rogers v. American Airlines, Inc.* expressa essas dificuldades. De um lado, uma mulher negra alegava ter sido vítima desse tipo de prática discriminatória em função de uma política institucional de higiene que estabelecia parâmetros para a apresentação física dos funcionários, que incluía a proibição do uso de cabelos inteiramente trançados. Renee Rogers não se submeteu a essa exigência porque entendeu ser um artifício utilizado especificamente para impedir que mulheres negras pudessem utilizar cabelos trançados. Ela argumentou que não se tratava apenas de um penteado, mas sim de expressão de sua identidade racial, que seria apagada por uma regra institucional baseada no ideal estético do grupo racial dominante. Entretanto, a Suprema Corte de Nova York decidiu que a norma não tinha natureza discriminatória. Ela não poderia ser classificada nem como discriminação racial nem como discriminação de gênero, pois era aplicada a homens e mulheres e a negros e brancos indistintamente.[50]

Podemos perceber a ausência de sensibilidade daquele órgão julgador para entender a dinâmica cultural subjacente ao caso em questão, uma vez que desconsiderou o impacto desproporcional que a norma tinha em grupos subalternizados. Ao classificar a norma como neutra,

---

[50] Estados Unidos, *Rogers v. American Airlines, Inc.*, 1981.

o julgador ignorou o fato de que práticas institucionais podem promover a discriminação, mesmo quando não utilizam qualquer tipo de tratamento discriminatório. A proibição do uso de cabelos inteiramente trançados afeta em maior grau as mulheres negras, visto que, historicamente, a utilização desse penteado faz parte da sua identidade cultural – ou seja, pessoas brancas não seriam impactadas igualmente por essa política. Deste modo, fica claro que a Suprema Corte de Nova York falhou em proteger os vulneráveis e em identificar a discriminação ao dar maior importância aos interesses da American Airlines do que aos efeitos que sua "política de higiene" causa sobre seus funcionários.[51]

Alguns temas conexos foram discutidos no caso *McManus v. MCI Communications Corp.* Nele, Wandra McManus, uma mulher negra, ajuizou uma ação alegando ter sido vítima de discriminação racial e estética pela empresa na qual trabalhava, instituição que a despediu sob o argumento de que sua substituição se mostrava necessária para que o corpo de funcionários refletisse melhor o espírito corporativo norte-americano. É que seus superiores não aprovavam seus trajes étnicos nem seus penteados. O órgão julgador afirmou que ela não produziu provas suficientes que comprovassem animosidade racial, pois não houve substituição por uma pessoa de outra raça, e sim por outra pessoa negra cujas vestimentas eram mais compatíveis com os parâmetros

---

[51] Mahajan, 2007, p. 173-175.

estabelecidos dentro da cultura corporativa. Mais uma vez, uma compreensão limitada do racismo como discriminação direta impediu que aquele órgão julgador pudesse garantir a devida proteção jurídica.[52]

Também pode-se citar o caso em que a Equal Employment Opportunity Commission (EEOC) ajuizou uma ação contra um grande escritório de advocacia de Chicago, alegando discriminação religiosa contra uma funcionária temporária. A EEOC alegou que o escritório de advocacia demitiu a funcionária por usar um lenço, chamado hijab, por conta de sua fé muçulmana. O caso é um lembrete aos empregadores de que a aparência pessoal, a higiene pessoal e os padrões de higiene podem levar a uma potencial responsabilidade por discriminação com base em um *status* legalmente protegido.[53]

Por sua vez, no caso denominado *Gerdom v. Continental Airlines, Inc.*, entendeu-se que o empregador discriminou as trabalhadoras com a sua política de comissárias de bordo exclusivamente femininas, impondo requisitos de peso rigorosos, sem exigir o mesmo dos trabalhadores do sexo masculino. Gerdom distinguiu a questão de outros casos padrão de aparência e higiene pessoal, porque, nesses, nenhum ônus significativamente maior de conformidade foi imposto a ambos os sexos. Assim, embora políticas que exijam que homens e mulheres sejam magros, mas estabeleçam padrões ligeiramente diferentes, possam ser

---

[52] Estados Unidos, *McManus v. MCI Communications Corp.*, 2000.

[53] Koonin, 1999, p. 19-45.

aceitáveis, a política do réu, de aplicá-las apenas às mulheres, não foi aceita.[54] Já no caso *Jarrell v. Eastern Air Lines, Inc.*, analisou-se uma política da companhia que definia restrições de peso para comissários de bordo de ambos os gêneros. No entanto, demonstrou-se que o peso máximo definido para homens era passível de abranger indivíduos maiores, enquanto, para mulheres, apenas as pequenas ou medianas poderiam adequar-se à política; assim, o percentual de homens que se encaixavam nos padrões exigidos era maior que o de mulheres, e o percentual de mulheres demitidas com base na política era maior comparado ao de homens. A corte entendeu não haver discriminação de gênero, uma vez que a companhia empregava um maior número de mulheres como comissárias de bordo e que os dados apresentados seriam apenas um fenômeno estatístico, sem relação com gênero.[55]

Em *Bhatia v. Chevron U.S.A., Inc.*, discutiu-se sobre um empregador que não concedeu uma exceção à sua política, que exigia que todos os maquinistas fossem barbeados, para um empregado cuja religião sikh o proibia de fazer a barba ou de cortar os pelos do corpo. Segundo o empregador, a política se baseava na necessidade de todos os maquinistas usarem respiradores de gás, com vedação facial apertada, uma vez que suas funções envolviam exposição potencial a gases tóxicos, e os que tivessem pelos faciais não conseguiriam manter o rosto

---

[54] Estados Unidos, *Gerdom v. Continental Airlines, Inc.*, 1981.

[55] Estados Unidos, *Jarrell v. Eastern Air Lines, Inc.*, 1977.

selado ao respirador; logo, estariam em risco. Embora o empregador não pudesse manter o empregado na posição de maquinista sem eliminar o risco de exposição, ele o acomodou em outras funções que não exigissem que ele se barbeasse, primeiro com a remuneração atual e, em seguida, com níveis salariais mais baixos. Por fim, o empregado foi transferido para um cargo de menor remuneração, mas o empregador prometeu reintegrá-lo como maquinista se fosse desenvolvido um respirador seguro para ele usar.[56] No mesmo sentido, como exemplo, cita-se *Fitzpatrick v. City of Atlanta*. Neste caso, um bombeiro negro perdeu sua ação judicial proposta com base em discriminação racial, porque considerava que a política de barbeamento o afetava de maneira desproporcional em relação a seus colegas. No entanto, o empregador contestou sob o argumento do Occupational Safety and Health Act (OSH Act), segundo o qual a exigência de raspar a barba seria uma questão de segurança, para permitir a utilização das máscaras de gás.

De maneira geral, ainda que a pessoa demandante consiga apresentar um caso de discriminação direta ou indireta, há uma série de defesas possíveis para a empresa demandada. O empregador que visa estabelecer determinadas políticas de padrões estéticos, que onera de forma desproporcional determinados grupos de indivíduos, por vezes, tenta se justificar por meio de uma suposta necessidade empresarial. Assim, o empregador

---

[56] Estados Unidos, *Bhatia v. Chevron U.S.A., Inc.*, 1984.

busca comprovar, inquestionavelmente, manifesta relação entre a política questionada e a vaga de emprego. Entretanto, diversos tribunais americanos compreendem que a mera manutenção da imagem empresarial não é justificativa suficiente para a aplicação de políticas de higiene estética (por exemplo, obrigar um homem a raspar a barba mesmo que tenha uma alergia que o impeça de raspar). No mesmo contexto, porém, esses mesmos tribunais entendem que não há violação de direitos do funcionário no caso de o empregador exigir documentação médica antes de permitir que alguém seja uma exceção a sua política de barbeamento. No mais, muito embora a empresa tenha liberdade para instituir determinadas políticas, é necessário que ela o faça com certa precaução para que não onere indivíduos com determinadas características imutáveis, deficiências ou crenças religiosas, ou raça, sexo, cor, origem e idade diferentes. Nesse sentido, quando demandas desse gênero chegam aos tribunais americanos, estes buscam balancear interesses. Deste modo, se o empregador conseguir explicar, de forma lógica, que sua política não é discriminatória e que tem embasamento, é provável que ela seja mantida. Na mesma direção, as cortes também tendem a manter requerimentos corporativos relacionados à aparência nos casos em que a empresa os divulgue aos seus empregados e ofereça oportunidade razoável de adequação. [57]

---

[57] Koonin, 1999, p. 20-26.

Alguns críticos salientam que padrões de vestimenta ou de apresentação que podem parecer triviais para os empregadores não o são para as pessoas empregadas. Nesse sentido, as decisões estariam falhando ao assumir que os interesses dos empregadores são sempre mais importantes do que aqueles das pessoas empregadas. Para outros estudiosos, no entanto, o real problema não é a valoração sobre se determinado padrão é trivial ou não, mas sim que os julgamentos têm se baseado em ideais culturais acríticos que reforçam preconceitos e estereótipos. Conforme já argumentado, a desconsideração do substrato cultural em que determinado código está inserido pode impedir a correta análise de casos de discriminação. Assim, algumas decisões judiciais norte-americanas analisam requerimentos corporativos sobre o tamanho da barba ou do busto, por exemplo, como discriminação com base nesses critérios, sem relacioná-los a iniquidades de raça ou gênero.[58]

Ainda nesse contexto, destaca-se que nos Estados Unidos, em seus ambientes corporativos e em suas cortes, vigora a *bona fide occupational qualification* (BFOQ), por meio da qual empregadores são "autorizados" a discriminar seus empregados ou potenciais empregados a partir de critérios como religião, sexo e origem nacional. Todavia, raça e cor nunca serão uma BFOQ. A respeito desse tema, fazem-se necessárias algumas considerações, porque, muito embora a BFOQ seja invocada quando um empregador é acusado de

---

[58] Bartlett, 1994, p. 2546-2552.

discriminação em um ambiente de trabalho, seu campo defensivo é muito restrito, tendo em vista que o empregador deverá comprovar que essa discriminação teve como base razões relacionadas com a privacidade, a segurança e/ou a questões que dizem respeito à operação normal ou à essência do negócio.[59]

Nesse sentido, em casos similares, nos quais a BFOQ se relaciona à discriminação direta por religião, sexo, origem nacional ou idade, o empregador precisa demonstrar a impossibilidade de oferecer acomodação razoável para as pessoas atingidas ou provar que não é possível fazê-lo sem onerosidade excessiva à empresa ou aos demais empregados.[60] Assim, uma pessoa demandante poderia demonstrar a ocorrência de discriminação religiosa ao comprovar que sua crença é incompatível com a política adotada, devidamente informada ao empregador, e que ela foi punida por não cumprir as disposições conflitantes com sua religião. No entanto, caso a empresa comprove que ofereceu acomodação razoável ou que esta não seria possível sem colocar em risco a segurança do trabalho ou atrapalhá-lo, as cortes tendem a afastar a alegação de discriminação religiosa.[61]

Nos casos *Diaz v. Pan American World Airways, Inc.* e *Wilson v. Southwest Airlines Co.*, as cortes entenderam que a mera preferência dos consumidores não era

---

[59] Zimmer; Sullivan; White, 2003, p. 265-282.

[60] Adamitis, 2000, p. 195-224.

[61] Koonin, 1999, p. 28-35.

suficiente para a manutenção de políticas corporativas discriminatórias de gênero; elas deveriam demonstrar uma relação efetiva entre esse tipo de preferência e o produto ou serviço oferecido. *Latuga v. Hooters Inc.* pode ser citado como outro caso relevante. Essa rede de restaurantes contratava apenas mulheres para a posição de garçonetes. Além disso, elas eram obrigadas a usar roupas curtas, justas e sensuais, como forma de atrair e excitar o público masculino. Ao ser demandada judicialmente, a rede Hooters alegou que suas políticas de contratação eram necessárias para atender às preferências de seus consumidores. No entanto, à luz do decidido nos casos *Diaz* e *Wilson*, a rede de restaurantes deveria comprovar que seu objetivo comercial principal era vender estimulação sexual e não comidas ou bebidas. Entretanto, Hooters anunciava sua rede de restaurantes como receptiva para famílias, inclusive com cardápio para crianças, o que tornava ainda menos factível a argumentação de que garçonetes em roupas curtas eram uma necessidade do negócio.[62]

Decisões ocorridas em outros países também foram responsáveis pelo interesse legal e teórico no tema da discriminação baseada na aparência das pessoas. Por exemplo, um tribunal japonês considerou as alegações feitas por um alto funcionário da marca italiana Prada. Segundo ele, seu superior imediato exigiu a demissão

---

[62] Estados Unidos, *Diaz v. Pan American World Airways, Inc.*, 1972; Estados Unidos, *Latuga v. Hooters Inc.*, 1993.

de todas as pessoas não correspondentes com a aparência da marca: idosos, obesos ou considerados feios. A marca exigia que se contratassem apenas pessoas que seu público consumidor consideraria como atraentes. Esses exemplos designam o que autores classificam como trabalho estético: um conjunto de contratações baseadas na preferência de pessoas com certo apelo visual que clientes podem identificar como direcionado para pessoas da classe social à qual eles pertencem.[63] Grande parte das jurisdições estrangeiras não inclui a aparência como um critério legalmente protegido contra discriminações, embora tribunais utilizem outros fatores para garantir proteção às pessoas que sofrem esse tipo de tratamento desvantajoso. Uma decisão australiana mostra as particularidades da discriminação baseada na aparência: uma empresa de aviação estabeleceu critérios para a admissão baseados em um tipo de estética organizacional que remetia a juventude, vigor e afabilidade. As campanhas de publicidade muito claramente sexualizavam o corpo feminino, uma tentativa de despertar o interesse do público masculino. Além disso, as candidatas eram obrigadas a cantar e a dançar para funcionários da empresa, para demonstrar que tinham as qualidades relacionadas com a estética organizacional da empresa.[64]

---

[63] Waring, 2011, p. 194.

[64] Austrália, *Nicole Julie Hopper and others v. Virgin Blue Airlines Pty Ltd.*, 2005.

Decisões recentes ocorridas nos Estados Unidos revelam outro aspecto da discriminação estética, problema que afeta especialmente mulheres. Uma delas diz respeito à decisão do Citibank de demitir uma mulher por ela ser excessivamente atraente, o que comprometia a concentração de seu superior. Outro processo judicial trazia a mesma alegação: um empregador decidiu despedir uma funcionária porque ele a considerava irresistível, situação que ameaçava seu casamento.[65] O problema do tratamento discriminatório dessa natureza também esteve presente em um caso no qual uma mulher alegou ter sido impedida de progredir profissionalmente porque seus superiores a consideravam apenas uma garota bonita que usa roupas sensuais. Esses três casos demonstram que a discriminação baseada na aparência pode até trazer benefícios para mulheres, mas eles são apenas aparentes, já que muitas vezes são expressões de sexismo. A aparência feminina é vista como um objeto de exploração econômica ou ponto de partida para práticas discriminatórias que se baseiam na premissa de que mulheres comprometem o ambiente profissional. Vemos então que, se por um lado, a discriminação estética prejudica mulheres que são membros de grupos subalternizados em função da preferência por mulheres brancas, por outro, essas últimas estão sempre expostas à possibilidade de serem objetificadas no ambiente de trabalho.[66]

---

[65] Estados Unidos, *Nelson v. Knight*, 2013.

[66] Friedricks, 2015, p. 508-515.

Discriminação estética e racionalidade do mercado

De outro lado, a discriminação estética dentro do ambiente de trabalho também tem sido classificada como um tipo de exploração econômica, um tipo de *lookism*, termo que designa a adoção de um padrão de beleza e atratividade que opera como um critério de julgamento da competência profissional para considerações sobre a possibilidade de admissão de uma pessoa. Essa prática pode ser analisada a partir de uma perspectiva econômica, porque empregadores tendem a contratar pessoas com características físicas semelhantes como uma estratégia de propaganda. Isso ocorre não apenas com a finalidade de se ter um corpo laboral homogêneo mas também de criar uma imagem comercial compatível com seus produtos, com o objetivo de seduzir clientes e atraí-los pelo conceito da marca. Porém, essa técnica vai além da contratação, sendo mascarada de cultura da empresa, por meio de códigos de vestimenta e cuidados corporais. Com isso, os empregadores mantêm seus funcionários consoantes a seus padrões mínimos de aparência, o que possibilita àqueles obterem compensação financeira a partir do critério estético. Por isso, muitas empresas buscam ativamente contratar funcionários com a aparência consistente com a classe social do grupo que ela pretende atingir, para facilitar a identificação com os produtos da empresa.[67]

---

[67] Waring, 2011, p. 199-201; Hofmann, 2023, p. 5-6; Rhode, 2009, p. 40-65.

O caso *González v. Abercrombie & Fitch Stores, Inc.*[68] demonstra a realidade da exploração econômica ocorrida por meio da busca da homogeneidade estética do corpo de funcionários, uma referência interessante para entendermos um fenômeno que também ocorre na sociedade brasileira. Essa famosa rede de lojas de roupas foi processada pela prática de discriminação racial em razão de sua "política de aparência" utilizada para contratar seus funcionários. A empresa tinha a prática de contratar preferencialmente jovens e brancos de aparência ariana ou pessoas de outras raças próximas desse ideal. Elas deveriam ser consideradas extremamente atraentes, o que excluía obesos, pessoas com a pele muito escura e pessoas muito baixas ou com algum tipo de deficiência. A presença de trabalhadores considerados bonitos tornou a marca extremamente conhecida, o que atraía pessoas às lojas para verem funcionários com a aparência de modelos. Algumas delas, localizadas em grandes centros urbanos dos Estados Unidos, se tornaram verdadeiras atrações turísticas. Essa estratégia de associar a marca a jovens brancos de classe alta era refletida no preço das mercadorias, bastante acima da média praticada por marcas que atendiam ao mesmo público. Vários candidatos a emprego nessa corporação processaram a empresa porque foram recusados por não parecerem modelos; outros também foram despedidos por não manterem a forma física exigida pela companhia.

---

[68] Estados Unidos, *González v. Abercrombie & Fitch Stores, Inc.*, 2003.

No caso *Wilson v. Southwest Airlines Co.*, a companhia adotou a política de contratar apenas mulheres para a posição de aeromoças, como uma alegada estratégia para salvar a empresa da falência. Essa estratégia consistia em campanhas de marketing direcionadas a passageiros homens, com promessas de serem atendidos por mulheres jovens, vestidas com botas longas e bermudas curtas. O caso discutiu, então, se certos atributos relacionados à feminilidade poderiam ser considerados como critérios racionais para a contratação de funcionárias. A empresa argumentou que utilizou o apelo sexual feminino como um critério racional de contratação e de propaganda dos seus serviços porque era uma companhia que atuava em trechos aéreos curtos utilizados basicamente por homens de negócio, razão pela qual decidiu implementar tal política institucional. Por sua vez, o tribunal que julgou o caso não aceitou o argumento utilizado pela companhia porque a política de contratação estava baseada na reprodução de imagens sexistas, o que não pode ser utilizado como indício de que tal procedimento procura atender a uma exigência do negócio.[69] Esse tipo de comportamento institucional suscita algumas questões éticas que precisam ser abordadas: Qual é o limite da liberdade dos empregadores de contratar apenas funcionários compatíveis com a imagem da empresa e com o que eles querem vender para o mercado? E até que ponto isso é antiético, considerando que os corpos dos empregados

---

[69] Estados Unidos, *Wilson v. Southwest Airlines Co.*, 1981.

são objetificados, sendo vigiados constantemente pelos empregadores?

A resposta para essa pergunta é complexa, uma vez que não há uma concordância sobre como os empregadores devem atuar para incentivar a igualdade nem antes nem depois da contratação de seus funcionários. Desse modo, a legislação e o sistema judiciário se mostram de extrema importância, já que, na falta de consenso entre os particulares, são eles que devem decidir qual é a melhor forma de agir. Esse é o *trabalho estético*, um tipo de atividade baseada no apelo estético e sexual das pessoas, com a finalidade de chamar a atenção para um aspecto comum do comportamento humano: fazer julgamentos morais a partir de julgamentos estéticos.[70] Não podemos ignorar o fato de que esse trabalho estético implica benefícios para os que correspondem aos ideais estabelecidos pela empresa, mas estes também acabam sendo explorados. Além disso, essa prática pressupõe a discriminação sistemática dos que não correspondem a tais padrões, o que inclui inúmeras minorias, como grupos raciais subalternizados, pessoas com deficiência, pessoas obesas, pessoas idosas e até mesmo homens afeminados e mulheres masculinizadas. Ainda, importa notar o quanto tais práticas tendem a impactar com mais força o gênero feminino, uma vez que as mulheres já têm sobre si muitas expectativas e estereótipos construídos ao longo de gerações. Nesse sentido, as políticas de aparência e a obrigatoriedade de

---

[70] Waring, 2011, p. 194-196.

se moldar a elas contribuem para reforçar os estereótipos existentes quanto às imagens femininas. Assim, as mulheres se veem obrigadas a gastar tempo, energia e dinheiro a fim de alcançar o ideal de beleza feminina, o que faz com que muitas fiquem obcecadas por beleza e por sua aparência física. Isso, porém, é extremamente danoso, pois faz com que elas se mantenham em segundo plano na sociedade, aumentando sua vulnerabilidade e os meios de exploração por parte homens.[71]

---

[71] Waring, 2011, p. 197-201; Mahajan, 2007, p. 172-173.

Capítulo V

A discriminação estética na jurisprudência brasileira

Quanto à jurisprudência brasileira, muitos julgados classificam o comportamento dos empregadores como discriminação estética, mas eles sempre recorrem a categorias legalmente protegidas para condenar os empregadores que a praticam. Muitos casos mencionam normas institucionais referentes à apresentação dos funcionários; muitos envolvem falas jocosas de empregados sobre a aparência das pessoas, falas que expressam o tratamento efetivo que os indivíduos recebem no espaço de trabalho. Por esse motivo, os julgados classificam essas regras como violações de direitos da personalidade, uma vez que interferem no direito das pessoas de determinar a expressão da aparência pessoal sem sofrer danos arbitrários. Além de classificarem a discriminação baseada na aparência como violação de direitos da personalidade, alguns julgados também classificam normas que regulam a apresentação pessoal como desrespeito ao direito da privacidade. Um número significativo de decisões de nossos tribunais classifica o comportamento de empregadores como assédio moral – sejam aqueles casos em que o empregador exige que mulheres negras alisem o cabelo, sejam aqueles em que, dentro da empresa, fazem referência à aparência das pessoas para as ridicularizá-las.[72]

Uma análise de decisões de tribunais regionais do trabalho demonstra que esse problema tem uma natureza pervasiva nos espaços corporativos. Os julgados examinados utilizam outras categorias para analisar tal tema, e a discriminação estética aparece na maioria dessas decisões como exemplo de violação de princípios constitucionais diversos, de direitos da personalidade e ainda como casos de racismo, sexismo e gordofobia. Nenhum dos acórdãos analisados oferece uma definição precisa do que é discriminação estética, nem discute seus pressupostos ou seus modos de operação e consequências. Essa realidade demonstra a urgência do entendimento da sua dinâmica particular por parte de nossos operadores jurídicos. Mais do que isso, essa realidade indica a existência de uma pluralidade de fatores responsáveis pela exclusão de indivíduos do exercício do direito ao trabalho, motivo pelo qual devemos analisar suas manifestações na nossa realidade social. Observaremos que nossos tribunais reconhecem

---

[72] Brasil, TRT 2ª Região, 14/06/2022 (condenando empregador por assédio moral baseado na perseguição ocorrida em função da obesidade da empregada); Brasil, TRT 2ª Região (condenando empresa por impedir progressão profissional de empregado em função da cor do cabelo e da homossexualidade); Brasil, TRT 2ª Região, 14/06/2022 (classificando o impedimento de cumprir jornada de trabalho em função do uso de tranças como agressão à honra pessoal); Brasil, TRT 2ª Região, 31/01/2022 (classificando a proibição de *dreadlocks* no ambiente do trabalho como violação do direito à honra e violação da autoestima).

que empregadores têm discricionariedade para estabelecerem parâmetros gerais para a apresentação social dos seus empregados, mas esse poder não pode exceder a padrões minimamente razoáveis.

Como afirmamos ao longo deste livro, membros de grupos raciais subalternizados são as principais vítimas da discriminação estética na sociedade brasileira. Grande parte dos casos examinados envolve a discussão de restrições feitas por empregadores, por exemplo, a apresentação pessoal de pessoas negras, notoriamente com relação ao cabelo, exigências que não se aplicam a pessoas brancas. A quase totalidade das decisões condena esse tipo de comportamento e o classifica como uma prática racista que viola os direitos da personalidade, o sentimento de honra pessoal e a privacidade dos indivíduos. Esses casos demonstram então uma realidade bastante problemática dentro do espaço de trabalho: a pressão feita por empregadores para que seus funcionários adotem a estética do grupo racial dominante. O problema fica ainda maior especialmente quando consideramos dados estatísticos sobre a diversidade racial da população brasileira e a pressão por assimilação exercida por membros do grupo racial dominante sobre minorias raciais.[73] Alguns julgados ana-

---

[73] Brasil, TRT 2ª Região, 28/10/2019 (condenando empregador por impedir empregado de usar cabelo afro, por contrariar regras da empresa sobre aparência dos empregados, o que foi classificado como uma violação dos direitos da personalidade); Brasil, TRT 1ª Região, 11/07/2023 (reconhecendo a discriminação estética em função da proibição imposta pelo empregador

lisam o conflito existente entre normas institucionais de apresentação pessoal e o tipo de penteado utilizado por pessoas negras, o que suscita o conflito entre exigências dirigidas a todos e a necessidade de proteção da autonomia individual. A exigência de alisamento também aparece em muitos casos, demanda patronal classificada como assédio moral, como violação da intimidade ou como prática racista. Esses casos expressam, então, a prática presente em muitos espaços corporativos pela busca de assimilação ao padrão estético branco para que pessoas negras possam ter maior respeitabilidade social.[74]

---

do uso de cabelo *black power*, exigindo que seus funcionários adotassem um corte de cabelo padronizado); Brasil, TRT 2ª Região, 29/12/2022 (classificando a dispensa de um funcionário baseado na violação de regras de aparência em função de usos de tranças como uma prática preconceituosa que viola a dignidade humana); Brasil, TRT 3ª Região, 01/12/2022 (argumentando que a reclamante foi vítima de injúria racial ao adotar o penteado afro [*dreadlocks*] e que seu empregador gravou uma mensagem de áudio restringindo o uso do cabelo solto e ordenando o retorno com o cabelo "normal". A transcrição da mensagem evidencia a clara violação à dignidade da pessoa humana, não se configurando como exercício de liberdade de expressão ou direito legal, mas sim como uma imposição da necessidade de "arrancar" as tranças para voltar à loja).

[74] Brasil, TRT 2ª Região, 11/11/2022 (condenando empregador ao pagamento de danos morais pela prática de injúria em função de referências preconceituosas ao cabelo de uma funcionária negra e pela imposição de alisamento); Brasil, TRT 6ª Região, 07/02/2020 (classificando o impedimento de cumprir jornada de trabalho por utilizar *dreadlocks* como um tipo de discriminação estética).

As decisões analisadas também demonstram como os empregadores dão preferência a pessoas consideradas bonitas, o que garante a elas benefícios profissionais significativos. Elas ocuparão cargos de comando, representarão a imagem da instituição e exercerão atividades que demandam contato com o público porque são vistas como mais competentes. Enquanto pessoas negras e obesas são afastadas do contato com o público, pessoas consideradas bonitas – quase sempre brancas e magras – são as primeiras a serem lembradas para oportunidades profissionais. É importante observar como a beleza está, nesses casos, associada a traços fenotípicos de pessoas brancas e à proporção entre peso e altura. Os traços de pessoas brancas são vistos por empregadores como referência, por serem o padrão do mundo corporativo. Assim, os candidatos a emprego ou os funcionários que não estejam adequados a esses ideais estéticos são impedidos de terem acesso a emprego ou de continuar a trabalhar.[75]

---

[75] Brasil, TRT 2ª Região, 31/01/2022 (condenando empregador por preferência por pessoas magras e bonitas para cargos de chefia em sua empresa); Brasil, TRT 2ª Região, 02/09/2022 (condenando empregador por selecionar empregados a partir da aparência e por exigir apresentação e postura que os fariam parecer bonitos); Brasil, TRT 1ª Região, 24/05/2011 (argumentando que a compensação por danos morais é justificada devido ao fato de o superior hierárquico se referir ao funcionário como "feio" com base em sua aparência física); Brasil, TRT 1ª Região, 20/06/2016 (concedendo indenização por danos morais devido ao fato de o empregador ter ameaçado o funcionário de morte por considerá-lo "muito feio").

Nossos tribunais recorrem à noção de razoabilidade para analisar uma pluralidade de casos de discriminação baseada na aparência das pessoas. A questão do exercício racional do poder diretivo do empregador aparece em uma pluralidade de casos relacionados com a imposição de diretivas para a apresentação dos funcionários de órgãos privados e públicos. Os argumentos giram em torno da relação de um determinado traço da aparência do empregado com as atividades inerentes ao cargo, além da exigência de limites para que essa intervenção na apresentação seja legítima. Assim, a exigência da retirada de barba pode ser legítima para policiais militares mas não para empregados que poderiam colocar a própria segurança ou a de outros em risco. A discricionariedade do empregador também encontra limites quando uma exigência de aparência pessoal pode implicar danos para o empregado.[76]

---

[76] Brasil, TRT 4ª Região, 18/02/2020 (não reconhecendo a discriminação estética em face da limitação do uso de barba pelos guardas municipais de Caxias do Sul, sob o fundamento de que as exigências quanto à apresentação pessoal dos integrantes da Guarda Municipal inserem-se no poder diretivo do empregador); Brasil, TRT 1ª Região, 25/08/2023 (reconhecendo que o funcionário foi vítima de discriminação estética no ambiente de trabalho em razão de sua aparência física, diante do uso de barba); Brasil, TRT 3ª Região, 17/05/2022 (reconhecendo que a proibição do uso de barba constitui discriminação estética e infringe o direito à liberdade individual, visto que não decorre de requisitos inerentes à função de repositor e não visa à segurança do empregado); Brasil, TRT 5ª Região, 29/04/2021 (argumentando que a compensação por danos morais é justificada diante das constantes humilhações dirigidas ao

É também importante notar como esse poder de intervenção na apresentação dos funcionários tem sido limitado quando ela se apresenta na forma de intolerância em relação à sexualidade. A discriminação estética não se reduz ao problema de adaptação aos padrões estéticos, mas também decorre da exigência de expressão adequada de gênero. Os que não se comportam de acordo com essas expectativas são prejudicados, uma vez que a discriminação baseada na aparência também está baseada na performance do indivíduo em relação ao seu gênero. Esse problema aflige membros de minorias sexuais, seja em função da expressão da orientação sexual, seja em função da identidade de gênero. Assim, o tema da assimilação dentro do espaço de trabalho também está associado a outro tipo de homogeneização: a tentativa de institucionalizar a heterossexualidade e a cisgeneridade como maneiras necessárias de apresentação social dos indivíduos naquele espaço.[77]

---

reclamante na presença de clientes e colegas de trabalho, somadas às críticas relacionadas à barba do funcionário, que, em razão de um problema de saúde, não podia ser removida).

[77] Brasil, TRT 1ª Região, 29/08/2023 (argumentando que as ofensas proferidas pela preposta quanto ao cabelo longo e à orientação sexual do empregado se mostraram abusivas e desrespeitosas, sendo a indenização por danos morais uma forma de compensação com o objetivo de proporcionar alívio ao sofrimento da vítima); Brasil, TRT 3ª Região, 08/10/2019 (sustentando que a compensação por danos morais é justificada em função de o empregador ter exposto o autor a humilhações durante sua transição de gênero, tendo em vista que as suas características masculinas tornaram-se mais evidentes

Observamos que em certos casos a discriminação estética pode recair sobre traços que designam grupos sociais, mas em outros ela também resvala sobre características individuais, vistas como indesejáveis, que podem ser apresentadas por diversos grupos sociais. O tratamento arbitrário baseado na obesidade das pessoas pode ser classificado como um desses exemplos. Pessoas obesas enfrentam dificuldades para conseguir empregos e promoções a cargos de comando. Elas também enfrentam uma pluralidade de microagressões no espaço do trabalho, problema que se apresenta por meio de comentários irônicos ou jocosos sobre seus corpos. Esse tipo de tratamento discriminatório diz respeito a atos e mensagens que expressam ausência de respeito ou que procuram depreciar o indivíduo em função de alguma característica ou do seu pertencimento a algum grupo. No entanto, ainda que as microagressões contra pessoas obesas sejam extremamente frequentes no espaço de trabalho, muitos empregadores não sabem que se trata de uma violação de direitos fundamentais.[78]

---

em detrimento das femininas, chegando ao ponto de proibi-lo de utilizar o banheiro masculino).

[78] Brasil, TRT 3ª Região, 13/02/2019 (reconhecendo a ocorrência de danos morais em razão de o empregador submeter seus funcionários a situações de violência psicológica, vinculando o peso à produtividade. Essas práticas incluíam obrigar os colaboradores a perder peso com o acompanhamento de nutricionistas, impor ginástica laboral obrigatória e proferir ameaças de dispensa para aqueles que não conseguissem emagrecer); Brasil, TRT 5ª Região, 09/10/2018 (reconhecendo o direito à reparação por danos morais resultantes

O tipo de tratamento discriminatório ora analisado afeta especialmente mulheres, tendo em vista que sobre elas recaem as maiores imposições sociais relativas a aparência. Muitas empresas instituem códigos de aparência com obrigações específicas para elas, como exigências relacionadas ao uso de maquiagem, à apresentação do cabelo, ao tipo de roupa usada no ambiente de trabalho, além da adequação do comportamento com as expectativas de gênero. A obesidade parece adicionar outro problema para mulheres em função da pressão social para se adequarem a padrões de aparência idealizados e criados por homens. É importante lembrar o quanto esse tipo de tratamento afeta o emocional das funcionárias, que padecem de grande estresse em função da pressão para se conformarem com padrões estéticos instituídos pela empresa.[79]

---

da discriminação estética que limitava a presença da demandante nas instalações da empresa, especialmente durante as visitas dos consultores, devido à sua condição de obesidade, vista pelos gestores como algo prejudicial à imagem da instituição); Brasil, TRT 1ª Região, 25/10/2016 (argumentando que o direito à reparação por danos morais é justificado devido aos excessos praticados pela diretora da reclamada em relação à aparência física da reclamante, que afirmava: "para a reclamante ser adequadamente apresentada como coordenadora do hospital, seria necessário emagrecer, já que sua obesidade não condiz com o *status* do cargo").

[79] Brasil, TRT 5ª Região, 13/12/2023 (condenando a companhia aérea a pagar uma indenização mensal pelas despesas da empregada com maquiagem); Brasil, TRT 3ª Região, 11/10/2023 (sustentando que a compensação por danos morais é justificada, pois a reclamante estava sendo alvo de discriminação estética por

Uma análise de nossa jurisprudência demonstra como mulheres negras sofrem desvantagens significativas no espaço de trabalho. Esse problema se manifesta por meio da exigência de adequação da aparência aos ideais estéticos brancos, além da necessidade de se adequarem ao que o mundo corporativo entende ser a aparência apropriada para a mulher negra. As exigências de código de aparência têm um impacto desproporcional porque impede que mulheres negras possam adotar estilos de penteado inspirados na tradição africana. Essa prática as impede de expressar sua identidade racial sem restrições no espaço

---

parte do representante, o qual insistia na exigência do uso de maquiagem e na melhoria de suas vestimentas em um grupo de rede social); Brasil, TRT 4ª Região, 06/12/2006 (reconhecendo o direito à compensação por danos morais devido à situação discriminatória enfrentada pela funcionária, que foi desconsiderada para uma nova função por ser considerada "gorda". Fato que foi confirmado pelo supervisor da reclamante, que criou uma desculpa para não informá-la sobre o verdadeiro motivo da recusa); Brasil, TRT 1ª Região, 21/01/2019 (sustentando que "a discriminação baseada na aparência física é, inquestionavelmente, capaz de causar abalo emocional na pessoa que se sente discriminada por não se enquadrar nos padrões sociais de beleza impostos pela ditadura estética". Adicionalmente, a compensação por danos morais foi reconhecida pelo fato de a empregadora submeter a funcionária a situações humilhantes, insistindo para que ela perdesse peso, a ponto de a trabalhadora se submeter a uma intervenção cirúrgica para agradar a empregadora e escapar das perseguições); Brasil, TRT 3ª Região, 25/01/2023 (condenando o empregador a pagar danos morais porque se referia à sua funcionária de maneira desrespeitosa, utilizando termos como "animal", "hipopótamo" e "gorda", chegando ao ponto de chamá-la de "cara de pata", por considerá-la "muito feia").

de trabalho, fato característico de uma sociedade que celebra a miscigenação mas que continua obcecada com o arianismo. A intolerância à expressão da negritude nesse espaço revela também a crença dos empregadores de que a associação da imagem à branquitude seria benéfica porque indicaria eficiência da empresa. Esse problema se torna ainda mais grave quando a discriminação baseada na orientação sexual se soma à discriminação racial e à discriminação baseada no gênero.[80]

---

[80] Brasil, TRT 5ª Região, 06/02/2018 (sustentando que a condenação por danos morais era justificada, uma vez que a recorrente foi compelida a remover suas tranças rastafári para se adequar ao padrão estético estipulado pela empresa); Brasil, TRT 4ª Região, 26/11/2020 (condenando a empresa a pagar danos morais em função de exigência patronal de que as funcionárias retirassem as tranças, sob alegação de que o setor de RH assim havia determinado); Brasil, TRT 1ª Região, 21/09/2023 (condenando a empregadora a pagar danos morais devido à prática de racismo capilar por exigir que a empregada removesse seu *mega hair* cacheado); Brasil, TRT 1ª Região, 19/12/2022 (argumentando que a funcionária foi submetida a um tratamento indigno por parte de sua superior hierárquica, que não apenas exigiu a remoção das tranças, obrigando a requerente a dirigir-se ao banheiro para cumprir a ordem, como também a apelidou de "chup-chup" devido à sua orientação sexual); Brasil, TRT 5ª Região, 25/06/2021 (diante do comportamento incompatível com as normas de urbanidade e respeito que deveriam guiar as relações de trabalho, consideraram devida a existência de danos morais em função da perseguição sofrida pela trabalhadora por parte de seu superior, que a chamava de "Cunha", em referência a um personagem homossexual do programa *Escolinha do Professor Raimundo*, e também de "sapatona", inclusive na presença de seus colegas de trabalho).

Capítulo VI

Características submetidas à discriminação estética

Raça

Observamos ao longo dos capítulos anteriores que a discriminação estética incide sobre indivíduos que apresentam traços que destoam dos padrões de aparência institucionalizados na cultura das empresas. A raça aparece de forma proeminente nesses casos, em função de uma pluralidade de fatores. Primeiro, a negritude tem sido construída ao longo dos últimos séculos como a antítese da branquitude, ideal estético que molda a percepção de beleza e de valor moral das pessoas. A ideologia da superioridade branca está associada às noções de diferença e de estratificação; a raça designa os lugares que os membros dos diferentes grupos sociais ocuparão dentro das hierarquias sociais, sendo que os traços fenotípicos associados à raça serão utilizados para legitimar processos discriminatórios diversos. Essa legitimação ocorre por meio da atribuição diferenciada de valores aos membros dos diversos grupos raciais; as características de pessoas brancas são vistas como necessariamente positivas porque são evidência da superioridade racial, enquanto os traços de pessoas negras são representados como negativos, porque expressam uma suposta inferioridade. Mais do que isso, a associação entre branquitude, beleza e bondade permite a universalização do fenótipo de pessoas brancas como *o* ideal de beleza pelo qual membros de todos os outros grupos raciais serão julgados. A sobrevivência social depende, em grande parte, da proximidade do ideal estético branco.

Esse processo explica uma série de temas associados à discriminação estética sofrida por pessoas negras no espaço laboral. A preferência por "pessoas bonitas" prejudica pessoas negras, porque essa classificação está amplamente relacionada aos traços fenotípicos dos indivíduos; a cor da pele é um aspecto a partir do qual se baseiam julgamentos estéticos das mais variadas ordens. É importante lembrar da dimensão simbólica do racismo, ideologia social que estabelece conexões culturais entre negritude e diferença, entre negritude e inferioridade, entre negritude e sujeira, entre negritude e maldade, entre negritude e marginalidade. A circulação permanente dessas referências simbólicas propaga padrões culturais a partir dos quais as pessoas julgam as outras sobre esse aspecto da aparência, sendo que ele está baseado em traços fenotípicos e qualidades morais. Dessa maneira, a negritude opera como um fator pelo qual a aparência será julgada; alguns de seus traços e expressões culturais serão vistos como incompatíveis com os códigos de aparência exigidos no mundo corporativo, todos eles associados aos valores culturais e físicos de pessoas brancas. Estamos diante de um processo em função do qual membros do grupo racial dominante, por meio do poder simbólico, atribuem sentidos negativos a traços fenotípicos de outros grupos e depois desenvolvem rejeição ao que eles mesmos criaram. A racionalização dos grupos humanos permite a consolidação e a institucionalização de julgamentos morais sobre membros de minorias raciais, sendo que eles utilizam a branquitude como parâmetro de comparação, categoria que também atesta a presumida superioridade moral de pessoas brancas.[81]

A discriminação estética contra pessoas negras assume uma pluralidade de formas que reproduzem processos presentes em outros setores da vida social. Elas são impedidas de terem acesso a oportunidades profissionais porque nossa sociedade representa a negritude como sinônimo de feiura e de inferioridade moral. O colorismo estabelece uma dinâmica especialmente problemática: quanto mais próximo do ideal ariano de beleza, mais chances você terá de ser considerada uma pessoa valiosa; quanto mais distante dele, menores serão as chances de você conseguir oportunidades profissionais. O objetivo de se criar um corpo de funcionários homogêneo faz com que patrões exijam que pessoas negras não utilizem certos penteados, apetrechos ou roupas que possam destoar dos referenciais instituídos por códigos de aparência adotados por empresas. A associação entre negritude e inferioridade social cria obstáculos para que pessoas negras possam alcançar

---

[81] *Cf.* Martinot, 2003; Garner, 2010, p. 19-33.

posições de poder, uma vez que estas estão associadas a pessoas brancas de classes abastadas.[82]

Gênero

A discriminação estética afeta homens e mulheres de diferentes maneiras, sendo elas as mais impactadas. Vimos que esse problema atinge pessoas de ambos os gêneros porque ela requer uma concordância dos indivíduos a lugares e comportamentos atribuídos a homens e mulheres. O gênero é uma categoria social importante na operação de nossas cognições sociais, na formação de nossa identidade, motivo pelo qual as pessoas desenvolvem a expectativa de que os indivíduos sempre atenderão a certas expectativas. Homens e mulheres que não se comportam de acordo com essas construções culturais largamente baseadas em estereótipos descritivos e prescritivos sofrem discriminação estética. Esse é um dos motivos pelos quais homossexuais e transexuais são amplamente discriminados no mercado de trabalho: a aparência designa também uma série de performances sociais, entre elas a regulação do comportamento de acordo com o gênero. Assim, o comportamento do indivíduo também pode ser classificado como um tipo de discriminação estética em função da conexão direta entre aparência e performance: uma aparência que contraria normas culturais de gênero pode impedir o acesso a

---

[82] Devulsky, 2021; Kang 1997, p. 298-305.

oportunidades profissionais. Assim, formas de apresentação social, como gestos e indumentária que podem ser lidos como ausência de conformidade sexual, podem provocar a perda de oportunidades profissionais.[83]

As mulheres sofrem com julgamentos baseados na beleza, problema que as afeta de maneira especial em função da imposição cultural que as obriga a obedecer a expectativas dessa natureza. Elas são submetidas a exigências de aparência, o que inclui meios de adequação a ideais estéticos, como diferentes tipos de intervenções estéticas, controle permanente sobre o peso, exigência sobre formas de apresentação social e diferentes tipos de performance que têm o propósito de promover a sexualização para a obtenção de fins lucrativos. Assim, além da exigência de atender a um critério mínimo de beleza, mulheres precisam ainda performar de uma certa maneira para que possam ter acesso a oportunidades profissionais. Vemos então que a discriminação estética opera de maneira específica em relação ao gênero em função da imposição de atender às exigências de uma cultura corporativa que se apresenta como masculina. Cabe às mulheres se adequarem a essas expectativas, processo que também reflete a pressão existente no meio corporativo pela assimilação social.[84]

A discriminação estética afeta mulheres ao assimilar uma cultura corporativa que reproduz papéis tradicionais

---

[83] Harwood, 2007, p. 583-602.

[84] Rhode, 2010, p. 91-117.

de gênero por meio da imposição de um tipo de apresentação social das pessoas. E, junto desse processo de assimilação, estão também práticas sociais responsáveis pela sexualização do corpo feminino. Mulheres são frequentemente submetidas ao trabalho estético, um problema que restringe as possibilidades de elas conseguirem se inserir no espaço profissional em função da competência individual, porque as corporações têm a expectativa de que poderão utilizar o corpo feminino para obter algum lucro. A exigência de observação de códigos de aparência é um meio de pressioná-las a seguir uma série de requisitos para que possam permanecer no trabalho, o que não ocorre no mesmo nível ou nunca ocorre com pessoas do sexo masculino. Vemos então que, concomitantemente à discriminação estética, opera o problema do trabalho emocional: as estratégias que membros de grupos subalternizados precisam encontrar para que possam atender às exigências impostas pelo mundo corporativo, fator responsável por uma tensão constante entre o interesse na manutenção da integridade psíquica e a necessidade de manutenção da relação de emprego, outro problema que afeta as minorias desproporcionalmente.[85]

Em uma perspectiva interseccional, a análise da composição de mais de um critério de diferenciação negativa se faz impositiva. Quanto às mulheres negras, a influência de impactos relacionados a esquemas de gênero e de raça constrói uma experiência particular em relação a

---

[85] Moreira, 2020, p. 651-667.

mulheres brancas ou a homens negros. Assim, é possível afirmar que, quanto à adequação a um determinado padrão de beleza, mulheres negras tendem a perceber pressões estéticas adicionais. Tendo em vista que pessoas consideradas atraentes recebem melhores oportunidades profissionais e sociais desde a infância até a idade adulta, estudos demonstram que mulheres negras de pele clara têm maiores chances de atingir sucesso em suas vidas quando comparadas às de pele escura. Ainda, adolescentes negras com cabelos e cor de pele mais distantes do padrão estético branco são isoladas socialmente e na escola, o que redunda em piores resultados acadêmicos e maiores taxas de evasão escolar no ensino médio, bem como, na idade adulta, em menor empregabilidade. No longo prazo, mulheres negras, em especial aquelas de pele mais escura, têm maior tendência a baixa autoestima, distorções de imagem corporal, depressão e distúrbios alimentares.[86]

Obesidade

Uma pesquisa jurisprudencial superficial demonstra que a obesidade é um dos principais fatores sobre os quais incide a discriminação estética. Isso se explica porque estar acima do peso considerado "ideal", atualmente, é um estigma social devastador, tendo em vista que essas pessoas comumente são estereotipadas como estúpidas, feias, infelizes, menos

---

[86] Bryant, 2013, p. 80-91.

competentes, preguiçosas, desmotivadas, sem disciplina e sem controle pessoal.[87] Um número consistente de pesquisas demonstra que, desde a infância, crianças tendem a julgar mais negativamente seus pares tidos como acima do peso e, sob a mesma lógica, a considerar aqueles magros ou com peso considerado adequado como mais afáveis, mais inteligentes, populares, entre outras características positivas. Ainda na infância, boa parte das crianças estudadas demonstraram insatisfação com o próprio corpo. Durante a adolescência, meninas tendem a desejar um corpo mais magro (ainda que a maioria delas esteja abaixo do peso) e a relacionar magreza com felicidade, saúde, beleza e sucesso com garotos. De outro lado, meninos tendem a desejar um corpo mais musculoso e alto. A insatisfação com o próprio corpo no início da adolescência, conforme diversos estudos, tem relação com o desenvolvimento de distúrbios alimentares. Da mesma maneira, crianças e adolescentes obesos são mais propensos a sofrer importunações pelos seus pares e a apresentar menor autoestima como consequência. Durante a vida adulta, a insatisfação com o próprio corpo permanece, sendo comprovada especialmente entre as mulheres, dada a maior quantidade de estudos que utilizaram amostras femininas. Além de aspectos relacionados à subjetividade e à autoestima, objetivamente, conforme já assinalado, pessoas consideradas acima do peso são

---

[87] Wang, 2008, p. 1900-1945.

frequentemente relacionadas a características negativas e submetidas a tratamento discriminatório em razão do peso em diversas áreas da vida, como mercado de trabalho, educação e saúde.[88]

Infelizmente, a gordofobia, ou seja, a discriminação baseada no peso, permanece como uma das discriminações mais aceitáveis socialmente. Há uma concepção disseminada de que pessoas são gordas porque querem ou por não se esforçarem o suficiente, embora existam evidências científicas de que escolhas pessoais sejam importantes para o peso, mas não determinantes.[89] Embora disseminada, a obesidade é mais comum em determinados grupos de indivíduos. Conforme o Centers for Disease Control and Prevention dos EUA, pessoas negras adultas apresentam uma prevalência maior em relação à obesidade, seguidas por pessoas de origem hispânica, pessoas brancas não hispânicas e pessoas de origem asiática. Embora não tenham sido encontradas diferenças significativas de prevalência da obesidade entre homens e mulheres, os dados diferem quando adicionadas variáveis socioeconômicas. Em geral, pessoas com diploma de nível superior apresentam menor prevalência de obesidade quando comparadas àquelas com menor escolaridade, assim como as pessoas com maior renda familiar em comparação àquelas com menor.[90]

---

[88] Wang, 2008, p. 1902.

[89] Wang, 2008, p. 1903.

[90] Estados Unidos, CDC. Acesso em: 22 jan. 2024.

Estudos desenvolvidos no Brasil também apontam uma forte correlação entre obesidade, gênero, classe e raça. Estudos recentes demonstram um crescimento contínuo de obesidade entre pessoas de todas as idades e de ambos os gêneros, mas especialmente entre mulheres. A raça é um forte indicador de disparidade econômica na nossa sociedade, um dos motivos da presença desproporcional da obesidade entre pessoas negras. Classe e raça determinam acesso a informações sobre dietas adequadas, à atenção primária e à possibilidade de uma rotina diária de atividades físicas.[91]

Ainda que boa parte da população apresente peso acima do considerado ideal, a discriminação por peso ou gordofobia está presente em todas as áreas da vida, inclusive no mercado de trabalho. Segundo Wang,[92] candidatos obesos têm menores chances de serem contratados do que colegas magros com o mesmo tipo de qualificação; a obesidade é sempre avaliada como sinal de que o indivíduo não é tão competente, de que é menos produtivo, diligente ou organizado que o magro, motivo pelo qual muitos recebem salários inferiores mesmo quando são contratados. Embora atinja ambos os sexos, representando no ambiente de trabalho menores remunerações, mulheres são particularmente afetadas. Isso, porém, acarreta diversos problemas, tendo em vista que mulheres que foram gordas na sua adolescência completaram

---

[91] Holland, 2022; Oraka, p. 1-10, 2020.

[92] Wang, 2008, p. 1911.

menos anos de escola, ganham salários menores e apresentam maiores índices de pobreza do que as que não estavam acima do peso. Neste contexto, destaca-se que a pobreza não apenas aumenta as chances de uma pessoa se tornar gorda como também a pessoa estar acima do peso pode implicar o aumento de sua pobreza. Ainda com relação às mulheres, no que diz respeito à jurisprudência brasileira analisada, a discriminação baseada no peso é denunciada com mais frequência do que a discriminação racial. Além disso, enquanto os índices de discriminação racial vêm se mantendo, ao longo dos anos, relativamente estáveis, os de gordofobia cresceram. [93]

Outros critérios de discriminação

A discriminação estética decorre de consensos sociais sobre determinadas características físicas ou comportamentais dos seres humanos, sendo que eles são critérios utilizados para a avaliação da capacidade profissional e de várias outras qualidades individuais. Embora esses consensos estejam amplamente baseados em presunções inteiramente falsas, eles são parâmetros que afetam a percepção coletiva dos indivíduos em uma pluralidade de situações, inclusive no mundo corporativo. Se algumas dessas características são intrínsecas ao indivíduo, outras são produto da alteração do próprio corpo por motivos diversos. A presença de tatuagens é um fator

---

[93] Wang, 2008, p. 1910-1921.

que frequentemente gera discriminação estética, sendo que sua intensidade varia proporcionalmente conforme o número de tatuagens visíveis no corpo do indivíduo e a cultura institucional. Estamos aqui diante de uma intervenção no corpo que envolve uma série de motivos: representação de afeto por pessoas queridas, celebração de datas importantes, expressão de valores morais ou apenas inspiração estética. A exclusão de candidatos a empregos no setor público e no setor privado em função da presença de tatuagens já foi institucionalizada, mas posições diversas são defendidas na doutrina e na jurisprudência.[94]

Alguns acreditam que essa prática está protegida pelo princípio da privacidade e da intimidade, enquanto outros defendem a posição de que o empregador tem

---

[94] Brasil. STF. Recurso Extraordinário n.º 898450, Órgão julgador: Tribunal Pleno, Relator: Luiz Fux, 01/07/2016 (afirmando que a proibição de candidatura de pessoas com tatuagens em concursos públicos viola normas constitucionais por ser forma de discriminação que não guarda relação racional com funções do cargo); Brasil. TRT 3ª Região, Recurso Ordinário n.º12.2022.5.3.0011, Órgão Julgador: 4ª Turma, Relatora: Paula Oliveira Cantelli, 18/08/2023 (condenando empregadora a danos morais pela prática da discriminação estética contra mulher negra em função do uso de tranças, *piercings* e presença tatuagens sob o argumento de que supostas preferências de clientes não justificam tratamento discriminatório baseado na aparência); Brasil. TRT 2ª Região, Processo n.º 1001044-72.2023.5.02.0059, Juiza: Kamila Costa Koerich, 27/08/2023 (condenando empresa a pagar danos morais a empregadas com tatuagem sob o argumento de que esse tipo de tratamento diferenciado viola direitos da personalidade).

discricionariedade para restringir oportunidades profissionais para os que portem tatuagens visíveis. A mesma lógica se aplica à questão do uso visível de *piercings*, um costume cada vez mais comum entre gerações mais novas e que é utilizado em partes do corpo bastante visíveis, como nariz, boca e orelhas. A defesa da possibilidade da restrição de oportunidades a candidatos com tatuagens visíveis e *piercings* decorre da noção de que esses elementos podem chocar as pessoas, tanto outros trabalhadores quanto clientes. Entretanto, essa posição parece desconsiderar que essa reação negativa à tatuagem está bastante associada à representação de pessoas tatuadas como delinquentes, sendo que possíveis choques estéticos provenientes do uso de *piercings* decorrem especialmente de choques geracionais. Como é o caso de outros critérios, a discriminação baseada nessa característica é difícil de ser combatida, uma vez que o empregador pode utilizar uma variedade de explicações para excluir candidatos a emprego.[95]

Outro aspecto que espelha a vontade individual e que sempre enfrenta processos discriminatórios é a utilização da barba, da extensão do cabelo e do tipo de penteado utilizado pelo empregado ou empregada, especialmente penteados étnicos.[96] Um número significativo de empregadores públicos e privados impedem a utili-

---

[95] Marques, 2002, p. 124-125.

[96] Brasil, TRF 1ª Região, 29/08/2023 (condenando a pagar danos morais a empregado constantemente xingado por ter cabelo longo,

zação da barba por razões meramente estéticas, o que tem sido entendido como uma intervenção indevida na esfera privada dos empregados. As exigências sobre o tamanho do cabelo, especialmente de pessoas negras com cabelos crespos, também configuram discriminação. Pessoas negras não só muitas vezes são obrigadas a alisar o cabelo como também se veem impedidas de utilizar quaisquer penteados identificados com a cultura negra.[97] Por outro lado, se a tatuagem representa um ato intencional de alteração do corpo do indivíduo, cicatrizes são produto de acidentes que modificaram a aparência do indivíduo sem sua intenção. Embora elas possam ocorrer em diversas partes do corpo, elas se tornam um problema para a empregabilidade quando são visíveis, especialmente se estiverem no rosto. Por provocar incômodo estético para uma quantidade significativa de pessoas, os que são afligidos por esse problema podem enfrentar dificuldades na busca ou na permanência no emprego. Isso é especialmente verdadeiro para aqueles e aquelas que trabalham em contato com o público. A cicatriz provoca essa reação negativa, porque é percebida como um tipo de disfunção, uma deformidade em uma área do corpo essencial da aparência individual.[98]

---

o que era interpretado pela empregadora como sinal de homossexualidade pela empregadora e motivo de agressões verbais).

[97] Marques, 2002, p. 136-127; Quintão, 2013.

[98] Marques, 2002, p. 125-126.

A altura pode ser apontada como outro fator responsável por tratamento diferenciado entre indivíduos em uma pluralidade de situações. Muitos editais de concursos públicos para a seleção de agentes policiais estabelecem uma altura mínima para homens e para mulheres. Para alguns, isso é visto como uma prática discriminatória, mas, para outros, é um critério de diferenciação legítima, tendo em vista a natureza da ocupação. A altura também opera no setor privado consciente e inconscientemente: quanto maior for a pessoa do sexo masculino, maiores serão as chances de conseguir promoção para cargos de comando. Essa realidade decorre do fato de que supostamente pessoas altas transmitem um senso maior de autoridade, o que se aplica especialmente às do sexo masculino. Na verdade, a altura é um dos fatores centrais na percepção da atratividade de homens, o que também está associado à ideia de masculinidade. Estamos aqui diante de mais um elemento que beneficia alguns indivíduos e cria desvantagens para outros, um problema que pode afetar certos grupos raciais de forma desproporcional em função de altura média inferior à de outros. A discriminação baseada na altura suscita comportamentos e reações de naturezas diversas: ela faz com que atribuamos menor credibilidade e menor legitimidade a pessoas de baixa estatura e as percebamos como indivíduos infantilizados, além de outras características negativas. Os mesmos mecanismos psíquicos e culturais fazem com que percebamos pessoas altas de modo oposto, motivo pelo qual atribuímos características positivas a elas apenas em função disso. Essa indisposição contra pessoas de baixa estatura tem origens em teorias eugênicas baseadas na premissa de que a baixa estatura é uma característica que precisa ser corrigida, o que motivou o desenvolvimento de muitas pesquisas com esse intuito.[99] Porém, se homens altos são beneficiados em todas as dimensões da vida social, mulheres altas são preteridas como parceiras sexuais.[100]

É importante enfatizar que a discriminação estética não está baseada apenas em traços físicos, mas também na performance social dos indivíduos. Por esse motivo, as pessoas podem ser discriminadas não apenas em função de alguma característica física, mas também da apresentação social delas ou de uma combinação das duas coisas. Por exemplo, mulheres podem ser beneficiadas em função da beleza mas também podem perder oportunidades se não estiverem adequadas às expectativas culturais de gênero; mulheres podem ser prejudicadas por não corresponderem a padrões estéticos vigentes e ainda

---

[99] Santa Catarina, TJSC, 29/11/2005 (considerando ilegal a imposição de altura mínima em concurso público, pois esse requisito não estava previsto em lei); Brasil, STJ, 16/02/2006 (considerando a exigência de altura mínima sem previsão legal ato ilegal); Brasil, STF, 09/09/2003 (considerando ilegal a exigência de altura mínima para concurso de escrivão, em função da sua irrelevância para o desempenho do cargo).

[100] Rosenberg, 2009, p. 908-953.

por contrariarem percepções sociais de gênero.[101] Embora não possamos depreender a sexualidade de alguém pela mera aparência, fazemos inferências sobre esse aspecto a partir de como a pessoa se apresenta socialmente, a partir de como ela se veste, pela entonação de sua voz. Assim, homens afeminados e mulheres masculinizadas enfrentam práticas discriminatórias porque o ambiente corporativo procura homogeneizar não somente a aparência mas também o comportamento, como a expressão da sexualidade.[102]

---

[101] Brasil. TRT 1ª Região, 07/11/2009 (condenando o empregador por práticas discriminatórias contra indivíduo que passava por processo de transição); Brasil. TRT 1ª Região, 14/06/2017 (condenando empresa por danos morais por dispensa motivada pelo comportamento afeminado de funcionário).

[102] Yoshino, 2001, p. 811-836.

Capítulo VII

Combate à discriminação estética

Obstáculos ao combate à discriminação baseada na aparência

Como afirmado reiteradamente, a discriminação estética vem sendo um fator relevante de estratificação social. No entanto, ao contrário dos demais tipos de discriminação, ela acaba sendo, muitas vezes, ignorada ou tolerada. Assim, defendemos a necessidade da regulamentação com o objetivo de combater e evitar esse tipo de tratamento arbitrário, sobretudo no mundo corporativo. Todavia, existem alguns óbices quanto à possibilidade de criação de normas específicas para esse fim: (i) grande parte dos elementos relacionados à aparência e ao que se considera "bonito" não se baseiam em critérios objetivos passíveis de proteção, sendo mais difíceis de serem identificados do que outros tipos de injustiça;[103] (ii) a "beleza" é subjetiva, composta por múltiplos valores sociais e culturais, sendo que estes, muitas vezes, já são protegidos de algum modo pelas leis vigentes; e (iii) os julgamentos baseados na aparência são, por vezes, feitos de maneira inconsciente, estando, portanto, para além

---

[103] Hofmann, 2023, p. 8.

do alcance razoável da lei.[104] Além disso, pelo fato de muitos considerarem que a discriminação baseada na aparência pode acontecer inconscientemente, torna-se mais difícil combatê-la do que as demais manifestações de preconceito. No mesmo sentido, críticos questionam se a solução para o combate à discriminação estética dentro do ambiente de trabalho seria a mera transferência do controle da decisão do que é "esteticamente aceito" dos empregadores para as autoridades judiciárias, criando, assim, uma dupla camada de vulnerabilidade, uma vez que os empregados ficam subjugados aos critérios dos seus empregadores e, posteriormente, aos do judiciário.[105]

Ademais, as vítimas de tais práticas discriminatórias enfrentam mais uma dif entanto, por não iculdade no que diz respeito à denúncia desses atos e à utilização dos remédios legais a seu favor, porque, muito embora seja relativamente perceptível para a vítima quando ela é discriminada, os motivos da discriminação estética e o reconhecimento de que sua aparência é "um empecilho" são mais obscuros. Do mesmo modo, os empregadores também não irão justificar a razão da sua decisão como sendo a aparência dos empregados, portanto, eles alegarão razões neutras que são mais difíceis de serem identificadas.[106] Outro ponto que dificulta a regulamentação do combate à discriminação estética é o fato de que a

---

[104] Toledano, 2013, p. 26.

[105] Rhode, 2009, p. 1069.

[106] Rhode, 2009, p. 1069.

aparência não é composta de características imutáveis, protegidas pela lei, tendo em vista que, muito embora a "beleza" tenha um caráter biológico, ela pode ser alterada por procedimentos estéticos – ou seja, as pessoas exercem uma grande influência sobre sua própria estética, a qual pode ser alterada de um dia para o outro, considerando sua volatilidade.[107] A despeito das críticas, outros pesquisadores defendem a necessidade de legislação específica quanto ao tratamento diferenciado negativo com base na aparência. A falta de regulamentação a respeito do que configuraria a discriminação estética além de desamparar os trabalhadores, dificultando sua proteção e a identificação dessa prática abusiva, também complica a tomada de decisão pelos empregadores, dado que estes não detêm meios para identificar os limites entre o que seria sua liberdade de atuação e o que configuraria atitudes discriminatórias e abusivas. Isso porque raramente essas valorações a respeito dos indivíduos com base em sua aparência são consideradas infrações à legislação. Nesse contexto, com frequência, grande parte dos empregadores realizam decisões baseadas em características físicas dos indivíduos, por exemplo: peso, aparência física, tipo de cabelo e hábitos de higiene.[108]

No caso *Talanda v. KFC National Management Co.*, um funcionário processou seu empregador após ter sofrido uma demissão indevida em razão de ter se

---

[107] Toledano, 2013, p. 32.

[108] Koonin, 1999, p. 35.

manifestado contra uma discriminação sofrida por seu colega baseada em sua aparência estética. Este havia sido contratado para trabalhar no caixa de um restaurante *fast food*. No entanto, por não ter todos os dentes, a empresa o discriminou justificando que o seu sorriso não retratava a imagem profissional que eles gostariam de passar e que isso não era agradável aos consumidores. O restaurante também se recusou a lhe atribuir outra função; a demissão era a única alternativa presente. Assim sendo, Talanda compreendeu que seu colega de trabalho estaria sofrendo uma discriminação ilegal. Em razão disso, o incentivou a processar o empregador, utilizando como prova uma gravação telefônica de uma conversa com seu supervisor na qual ele recusava, mais uma vez, a realocá-lo para outra função. Em uma ação judicial, por meio de recurso, a empresa levou o conflito ao tribunal superior, o qual ratificou a decisão da instância anterior de modo a atestar que o funcionário não poderia alegar a ilegalidade das decisões de seu empregador. No entanto, em razão dessa decisão, o tribunal superior acatou a ideia de que o funcionário seria prejudicado por uma desfiguração estética. Contudo, tal disforia não configuraria uma limitação de sua capacidade laboral. Assim, ao final, o tribunal concluiu que a desfiguração apenas seria uma deficiência no caso de limitar a atividade exercida pelo funcionário ou atividades da sua vida.[109] Para além das dificuldades em enquadrar as discriminações estéticas nas

---

[109] Estados Unidos, *Talanda v. KFC Management Co.*, 1994.

legislações já existentes, há contra-argumentos para cada opinião contrária à regulamentação específica. Críticos podem argumentar que a adoção de regulamentação quanto à discriminação estética pode depreciar outras legislações antidiscriminatórias, criar um cenário exacerbado em que tudo pode ser considerado preconceito ou, ainda, representar um aumento incontrolável de demandas judiciais. Com efeito, a lei não é a panaceia de todos os males sociais, assim como a capacidade humana de empatia é limitada. No entanto, cidades e estados norte-americanos com legislações específicas quanto à discriminação estética receberam poucas demandas nelas fundamentadas, bem como não foi observado qualquer tipo de reação contrária significativa que justificasse a revogação desses ordenamentos.[110]

Discriminação estética como violação de princípios constitucionais

Observamos que a discriminação estética encontra ampla tolerância em quase todas as sociedades humanas, uma possível consequência da ausência de compreensão das suas várias implicações sociais. Muitos atores sociais acreditam que estabelecer a aparência física como critério de contratação de funcionários encontra justificação na nossa ordem constitucional em função dos princípios da iniciativa privada, preceito que eles interpretam de forma

---

[110] *Cf.* Rhode, 2010, p. 117-142.

isolada de quaisquer outros valores constitucionais. Eles também afirmam que o princípio da liberdade de associação permite que empregadores decidam quem eles querem contratar, motivo que autorizaria as empresas a empregar pessoas em função de sua aparência física. Um problema especialmente relevante deve ser levado como objeção a esse argumento popular em várias jurisdições: princípios constitucionais não podem ser interpretados de forma isolada, especialmente em um sistema jurídico que celebra a dignidade humana como preceito central de sua ordem constitucional. O texto constitucional deve ser interpretado de forma integrada, uma vez que ele congrega uma série de princípios que operam a partir de um processo de determinação múltipla. Também não podemos esquecer que a discriminação estética decorre de processos culturais milenares de estigmatização de pessoas em função da aparência, fator responsável pela reprodução de diversos tipos de hierarquias sociais. Essa realidade se mostra incompatível com nossa ordem constitucional, razão pela qual devemos examinar o combate à discriminação estética a partir de sua conexão com alguns princípios conformadores de nossa ordem constitucional.[111]

Assim, a proteção contra a discriminação estética encontra fundamentação em uma série de preceitos que regulam nosso sistema jurídico. Esse tipo de proteção encontra justificação no princípio do Estado Democrático

---

[111] *Cf.* Barroso, 1999, p. 147-188; Canotilho, 2013, p. 1210-1240.

de Direito, parâmetro que pressupõe a existência de uma organização estatal comprometida com a transformação do *status* de grupos tradicionalmente discriminados. Estamos diante de um elemento que estabelece um parâmetro substantivo para a promulgação e a interpretação de normas jurídicas, motivo pelo qual nossos tribunais devem reconhecer seu importante papel na proteção de grupos afetados pela discriminação estética. A celebração da dignidade humana como princípio conformador de nossa ordem constitucional também empresta legitimidade no reconhecimento da discriminação estética como um problema que deve ser combatido, uma vez que ela limita a possibilidade de os indivíduos poderem ter segurança material por meio de um emprego. Esse problema também prejudica a afirmação da cidadania, preceito que tem sido entendido também como um tipo especial de pertencimento identificado com o reconhecimento da igualdade moral entre todos os membros da comunidade política. O pertencimento comum significa, então, a possibilidade de todas as pessoas terem o mesmo nível de respeitabilidade, condição para a integração social.[112]

O fenômeno da discriminação estética levanta uma série de problemas relacionados com outros princípios centrais da nossa ordem jurídica. Sabemos que nosso texto constitucional estabelece objetivos que devem ser realizados pelas nossas instituições estatais, entre eles a construção de uma sociedade justa e solidária.

---

[112] *Cf.* Novais, 2019.

A noção de justiça faz referência à equidade de tratamento entre pessoas igualmente situadas; ela está construída em torno da noção de simetria, razão pela qual as pessoas devem ser tratadas de forma igualitária perante as normas jurídicas. Discriminar as pessoas em função da aparência significa violar a exigência de que elas não devem ser submetidas a formas de tratamento arbitrário – o que ocorre quando elas sofrem desvantagens que não podem ser justificadas. Impedir que uma pessoa possa ter acesso ao emprego em função da aparência constitui, então, uma violação da ideia de justiça como tratamento simétrico, uma vez que esse fator não está correlacionado com a competência individual. Esse tipo de prática também compromete outra dimensão do princípio da justiça: seu aspecto distributivo. Impedir que as pessoas possam ter acesso ao trabalho por causa da aparência ou demitir alguém em função de algum aspecto da aparência significa criar obstáculos para que elas possam ter meios de sobrevivência, pois o acesso ao trabalho ocupa um papel central no processo de integração social dos indivíduos. Esse tipo de tratamento arbitrário também impede a afirmação da igualdade moral entre as pessoas, criando obstáculos para que a ideia de justiça como reconhecimento seja institucionalizada. Assim, esse tipo de prática social representa uma violação de diferentes aspectos da noção de justiça, o que exige sua compreensão e superação imediata.[113]

---

[113] *Cf.* Kolm, 2019; Honneth, 1995.

A discriminação estética institui obstáculos para o alcance de uma sociedade igualitária porque opera como um fator de reprodução de processos de estratificação. As sociedades humanas enfrentam um problema comum: a necessidade de legitimação de padrões de distribuição de oportunidades e recursos restritos entre um número cada vez maior de pessoas. Os que estão em posições de poder criam uma série de parâmetros para legitimar padrões diferenciados de distribuição de recursos e oportunidades, o que implica a atribuição de sentidos negativos a características que designam determinados grupos e a atribuição de sentidos positivos a elementos identificados com os grupos hegemônicos. A discriminação estética segue exatamente essa lógica, uma vez que está baseada na diferença de valores atribuídos a características físicas de grupos sociais; a capacidade profissional de candidatos a emprego é julgada pela sua proximidade ou distância de ideais estéticos, muitas vezes identificados com membros do grupo racial dominante. Esse fato garante que eles continuem obtendo vantagens indevidas apenas por corresponderem a ideais estéticos dominantes, enquanto outras pessoas são impedidas de ter oportunidades profissionais em função da distância deles na percepção de empregadores.[114]

A discriminação estética levanta obstáculos para a realização de outro princípio central da nossa ordem constitucional: a solidariedade cívica. O projeto democrático depende do desenvolvimento de um senso

---

[114] *Cf.* Berger; Rosenholtz; Zelditch, 1980, p. 479-508.

de pertencimento comum entre os membros da comunidade política, ponto de partida para a construção de consensos coletivos sobre a melhor forma de realização do bem-estar coletivo. A solidariedade cívica cumpre um papel relevante nesse processo porque permite o reconhecimento da igualdade moral entre todas as pessoas e o desenvolvimento de um sentimento de responsabilidade coletiva pela promoção da integração social de todos os membros da comunidade política. Ao estabelecer formas arbitrárias de tratamento entre indivíduos e ao instituir critérios ilícitos para considerações sobre a competência profissional das pessoas, esse tipo de tratamento arbitrário reforça a ideia de que muitos grupos sociais não merecem o mesmo nível de respeitabilidade social. Ela cria modos de desvantagens para indivíduos e grupos que estabelecem diferenciações de *status* cultural e de *status* material entre eles, contribuindo, então, para que nem todos tenham o mesmo nível de respeitabilidade social. Isso impede o desenvolvimento de um sentimento de solidariedade entre as pessoas, porque muitas delas estão convencidas de que nem todos os seres humanos merecem o mesmo nível de respeito e consideração.[115]

O tipo de discriminação que estamos analisando também pode ser visto como um problema que cria empecilhos para a afirmação de outro preceito constitucional: a cidadania. Compreendida em tempos recentes como algo que transcende a ideia de mero *status* político e jurídico, ela tem

---

[115] *Cf.* Brunkhorst, 2005.

sido pensada fundamentalmente como uma forma especial de pertencimento que engloba os dois aspectos anteriormente mencionados. Ser cidadão, ser cidadá significa poder ter acesso aos meios necessários para funcionar adequadamente como agente; significa ter o nível de respeitabilidade necessário para poder existir dentro da sociedade sem sofrer restrições de direitos em função de aspectos benignos de sua personalidade. A noção de cidadania está, portanto, amplamente relacionada com a noção de pertencimento, com os mecanismos a partir dos quais os indivíduos podem contar e com o acesso a recursos e oportunidades para que possam realizar seus projetos de vida. Impedir que as pessoas possam ter acesso a oportunidades profissionais é um ato que restringe um tipo importante de integração social que é o acesso ao trabalho, um impedimento da realização de seus propósitos, um comprometimento do seu *status* social. Também não podemos esquecer que a discriminação estética incide sobre a aparência das pessoas, mecanismo que reforça a noção de que elas pertencem a grupos sem valor social; a discriminação estética muitas vezes corresponde a um processo de estigmatização de traços e identidades que tem sido classificado como um tipo de dano existencial exatamente porque compromete a possibilidade de um indivíduo poder gerir sua existência sem a ação de práticas arbitrárias.[116]

A discriminação estética pode ser vista como uma violação de diferentes dimensões do princípio

---

[116] *Cf.* Moreira, 2017, p. 1052-1089.

constitucional de igualdade. Podemos dizer que ela pode ser classificada como um desrespeito à igualdade simétrica porque estabelece um critério arbitrário para instituir tratamento diferenciado entre pessoas que estão igualmente qualificadas. Esse tipo de prática também pode ser classificado como um comprometimento da igualdade material porque impede os indivíduos de ter acesso a oportunidades profissionais – e, como muitas vezes ela incide em características que definem certas coletividades, concorre para a reprodução de disparidades entre grupos sociais. A discriminação estética também impede a realização da igualdade de oportunidades porque estabelece critérios ilegítimos para as pessoas poderem ter acesso a mecanismos necessários para a integração social. Ela também pode ser vista como algo que impede a realização da igualdade como reconhecimento porque incide sobre aspectos da identidade e da aparência dos indivíduos, o que reproduz padrões de estigmatização que dificultam a afirmação do outro como alguém que deve ter os mesmos direitos porque tem o mesmo valor moral. Também estamos diante de algo que compromete a realização do ideal de igualdade relacional, uma vez que promove a noção de que indivíduos que apresentam certas características não são capazes de operar dentro do espaço público como atores sociais competentes, razão pela qual esse tipo de tratamento reproduz relações hierárquicas arbitrárias entre grupos sociais.[117]

---

[117] *Cf.* Moreira, 2020, p. 138-161; Fredman, 2007, p. 214-253.

Estamos também diante de uma série de procedimentos que comprometem a realização do princípio da liberdade. Esse preceito constitucional consiste na possibilidade de um indivíduo ter controle sobre a motivação da ação e sobre as condições da ação. Ser livre significa poder refletir, planejar e executar ações destinadas à realização de um objetivo estabelecido por um agente. Isso se torna possível na medida em que o indivíduo não é impedido de motivar suas ações a partir de seus propósitos; a liberdade também se realiza conforme as pessoas conseguem encontrar as condições materiais para realizar seus propósitos. Elas, então, podem alcançar seus objetivos uma vez que não estão submetidas a critérios arbitrários de distribuição de oportunidades profissionais. Não podemos nos esquecer, então, de que a liberdade não consiste apenas em uma faculdade individual, porque ela tem uma natureza relacional: sua realização depende da posição que os indivíduos ocupam dentro das diversas hierarquias sociais. A realização da liberdade, a possibilidade de autodeterminação, não pode ocorrer quando indivíduos são discriminados por fatores que não estão relacionados com algum interesse que possa ser jurídica ou moralmente justificado.[118]

Se estamos tratando de uma violação de direitos fundamentais, devemos também desenvolver algumas considerações sobre o princípio da razoabilidade. Sabemos que esse preceito determina que a legalidade de uma

---

[118] *Cf.* Miller, 2006; Lucas, 1961; Bergmann, 1977.

prática social depende da demonstração de uma relação racional entre um critério de tratamento diferenciado e um interesse estatal legítimo. É certo que empregadores podem fazer exigências quanto à apresentação social dos trabalhadores quando são justificadas; por exemplo, é justificada a exigência de retirada da barba quando o funcionário desempenha atividades que exigem o uso de máscara e a barba impeça seu selamento adequado. Também devemos considerar justa a exigência de que funcionários e funcionárias que trabalham em empresas que produzem alimentos utilizem touca ou que sejam obrigados a retirar a barba ou cavanhaque. Entretanto, proibir o uso de determinados penteados porque destoam do padrão estético adotado pela empresa, padrão ligado à estética branca, deve ser considerado um ato arbitrário porque está baseado na estigmatização da identidade racial de pessoas negras. Isso é um procedimento que não guarda uma relação com um interesse legítimo porque procura apenas referendar a noção de que traços associados à negritude são incompatíveis com padrões de imagem do funcionário ideal. Ao lado do princípio da razoabilidade, deve ser considerada também a dimensão emancipatória do processo de interpretação do contexto no qual o sujeito está inserido. Mais do que considerar a questão da razoabilidade, devemos também observar o quanto a prática institucional concorre para a manutenção de relações hierárquicas de poder dentro da sociedade.[119]

---

[119] *Cf.* Mello, 2008; Barroso, 1999, p. 235-265.

Princípios reguladores do
direito do trabalho

Porém, se nosso texto constitucional fornece uma série de princípios que fundamentam uma proteção contra a discriminação baseada na aparência, alguns preceitos reguladores do direito do trabalho também legitimam a criação de meios de proteção contra esse tipo de prática. Um desses parâmetros é o *princípio da proteção*. Ele está baseado no pressuposto da necessidade de amparo especial ao trabalhador para que outras dimensões da igualdade, notoriamente sua dimensão material, possam ser alcançadas. Embora a liberdade de contrato tenha base jurídica, o sistema jurídico não pode ignorar as disparidades de poder entre empregadores e empregados, razão pela qual o sistema jurídico precisa proteger os últimos contra possíveis ações arbitrárias dos primeiros. Esse preceito tem o propósito de nivelar desigualdades para a garantia de maiores níveis de justiça social; a igualdade deixa de ter um mero aspecto descritivo para se tornar um valor prescritivo, um ideal que a sociedade deve procurar realizar em função de normas protetivas. Basicamente, esse preceito está construído sobre a premissa segundo a qual a legislação trabalhista existe e avança para proteger um grupo social contra possíveis ações arbitrárias que possam limitar ou impedir o gozo de um direito considerado como fundamental. Esse preceito está baseado na premissa de que a regra mais favorável ao empregado deve ser aplicada ao caso em questão para que o ideal de justiça material possa ser alcançado.[120]

O *princípio da continuidade* também se mostra relevante para nossa discussão. Ele encontra fundamento na ideia de que uma relação de emprego não se resume a vínculo jurídico cuja relevância se esgota em função da realização instantânea de um ato, uma vez que ela pressupõe um tipo de vinculação que se prolonga no tempo. A relação empregatícia pressupõe a noção de estabilidade porque dela depende a realização de uma série de interesses do empregado, motivo pelo qual se espera que esse tipo de vínculo jurídico tenha duração longa para que a pessoa possa planejar diferentes aspectos de sua vida. Dessa maneira, a perda de uma possibilidade de emprego ou a perda de um emprego em função da aparência se mostra amplamente problemática porque esse tipo de tratamento diferenciado pode concorrer para a desestabilização da realização dos planos de vida dos indivíduos, sendo que eles estão amplamente baseados na expectativa da estabilidade dos vínculos empregatícios. Discriminar alguém de forma arbitrária em função da aparência implica, então, problemas de ordem social e existencial significativos.[121]

A discriminação estética também demonstra a relevância do *princípio da realidade*, já que os termos do contrato de trabalho podem expressar regras específicas, mas isso não significa que o contrato abarca a situação

---

[120] Rodriguez, 2015, p. 83-125; Gomes, 2000, p. 40-44.

[121] *Cf.* Rodriguez, 2015, p. 239-250.

social na qual a atividade laboral ocorre. Se em outras áreas as regras do contrato determinam as obrigações das partes, no campo do direito do trabalho a observação delas depende da observação das condições nas quais as relações ocorrem. Contratos de trabalho geralmente não fazem referência a temas examinados, como o problema do trabalho estético, mas a exploração econômica da aparência do indivíduo pode ser uma prática institucionalizada, porém não prevista.[122] Como não poderia deixar de ser, o *princípio da não discriminação* também é outro parâmetro de regulação do direito do trabalho. Ele tem importância central para nossa argumentação, uma vez que está baseado no pressuposto de que as pessoas não devem sofrer desvantagens em nenhuma dimensão da vida social, o que inclui o ambiente de trabalho. Empregadores podem estabelecer regras a serem observadas por empregados, mas elas não podem ser arbitrárias, não podem carecer de justificação. Se o princípio da igualdade exige o tratamento entre todos (seja o tratamento simétrico, seja o tratamento proporcional), o princípio da não discriminação estabelece a obrigatoriedade de o empregador não impor tratamentos discriminatórios contra seus empregados.

Superando a discriminação estética

A linha argumentativa desenvolvida nos parágrafos anteriores nos convida a fazer ainda algumas digressões

---

[122] *Cf.* Rodriguez, 2015, p. 338-340.

sobre o tema da diversidade. Será que a pressão pela homogeneização do corpo de funcionários pode ser vista como algo compatível com nossa ordem constitucional? Será que esse tipo de prática realiza interesses dos próprios empregadores? A noção de diversidade surge em um momento histórico no qual se discutia a legalidade de medidas destinadas a promover a integração de minorias raciais nos espaços acadêmicos. Essa discussão logo se estendeu ao espaço de trabalho, uma vez que muitas instituições privadas também foram obrigadas a estabelecer programas dessa natureza por terem contratos com agências governamentais. Estudos conduzidos nessas instituições demonstraram os benefícios que a diversidade pode ter para empresas: a pluralidade de funcionários com experiências sociais distintas pode fornecer diferentes perspectivas sobre questões enfrentadas pela empresa no seu processo de competição no mercado; seus funcionários se mostram mais engajados nas suas atividades porque reconhecem a empresa como um lugar no qual podem expressar suas identidades sem sofrerem restrições de direitos – eles estão cientes de que a avaliação está centrada no desempenho profissional e não em aspectos estéticos não relacionados com a capacidade laboral. Empresas comprometidas com a diversidade procuram instituir uma cultura inclusiva, baseada na respeitabilidade entre todas as pessoas, o que contribui para que o processo de trabalho emocional tenha uma dimensão positiva e para que não seja uma fonte constante de estresse emocional decorrente da pressão por conformidade com padrões institucionais que não sejam vistos como minimamente razoáveis pelos funcionários.[123]

A promoção da diversidade pode ser vista como uma maneira de superação de muitas manifestações da discriminação estética. É certo que medidas dessa natureza implicam uma série de alterações da cultura das empresas, o que deve ser analisado minuciosamente. Conforme já explicado, empregadores desenvolvem preferências por funcionários com determinada aparência porque costumam associar esse aspecto à eficiência profissional: quanto mais brancos forem os funcionários, maior será a impressão de que os serviços oferecidos são de alta qualidade. Esse tipo de raciocínio e prática parece ser legítimo em uma sociedade governada pela doutrina da superioridade branca, e muitos indivíduos interpretarão um corpo de funcionários branco como sinal de eficiência. Porém, algumas considerações precisam ser feitas. Embora isso não seja evidente para um número significativo de pessoas, contratar funcionários tendo como base a aparência é contraproducente. Não há nenhuma correlação entre aparência física e competência pessoal. Todas as pessoas podem ser treinadas, mas preferir uma pessoa magra a uma pessoa obesa significa muitas vezes trocar profissionais experientes e competentes por pessoas que apenas aparentam ser competentes.[124]

---

[123] Bell, 2007, p. 37-63.

[124] *Cf.* Daniels, 2022, p. 25-67.

É também importante examinar outro aspecto positivo da diversidade. O investimento em políticas de diversidade pode aumentar a capacidade operacional da empresa em função do aproveitamento do potencial de funcionários contratados não pela aparência, mas pela competência profissional; ela pode melhorar a competência funcional da empresa por meio da exploração de perspectiva de um corpo de funcionários diversos; e pode ser justificada pela noção de responsabilidade social das empresas, uma vez que a atividade empresarial deve também considerar o impacto que ela deve ter na sociedade. A discriminação estética impede que empregadores possam ter esse benefício porque um corpo de funcionários homogêneo possivelmente trará pessoas de experiência social homogênea, que gerarão poucas chances de contribuir para uma pluralidade de perspectivas que as empresas precisam ter quando estão instituindo estratégias de operação.[125]

Agora traremos uma discussão presente na interpretação do princípio da igualdade elaborada na academia norte-americana. Doutrinadores dos Estados Unidos estiveram envolvidos em um debate sobre a melhor perspectiva para intepretação desse preceito. Enquanto alguns autores entendem que a igualdade é um princípio de natureza procedimental que procura apenas identificar o uso de classificações irracionais, outros afirmam que ela deve ser vista como um preceito cujo objetivo é

---

[125] Hawkins, 2012, p. 75-98.

bastante claro, qual seja, a emancipação de grupos tradicionalmente discriminados. Se a primeira perspectiva procura identificar normas que expressam algum tipo de animosidade em relação a um grupo, algo incompatível com o dever de equidade, a segunda está baseada no pressuposto de que o referido preceito constitucional deve ser interpretado a partir dos objetivos estabelecidos pelo legislador constituinte, notoriamente a emancipação de grupos subordinados. Por esse motivo, a constitucionalidade de uma norma constitucional deve ser aferida em função do seu potencial de transformar o *status* social do grupo ao qual ela se refere. Raciocínio semelhante tem sido elaborado por nossos tribunais: muitos deles partem do pressuposto de que nosso texto constitucional estabelece objetivos políticos que devem servir como um critério de interpretação de normas constitucionais.[126]

Esse debate oferece um ponto de partida interessante para pensarmos o tema da discriminação estética nas suas várias manifestações. É certo que empregadores podem intervir na aparência dos funcionários quando há uma justificação para essa exigência, mas essa intervenção se torna arbitrária quando procura apenas homogeneizar o corpo de funcionários. Um propósito dessa natureza viola uma série de princípios constitucionais e interesses individuais. Sabemos que o direito ao trabalho é um direito fundamental porque protege um interesse que tem um papel central no processo de integração social dos indivíduos. Uma vez que

---

[126] *Cf.* Fiss, 1976, p. 137-157; Balkin; Siegel, 2003, p. 1-34.

nosso legislador constituinte declarou o direito ao trabalho como um direito que é fundamental, ele o reconheceu como um parâmetro que estabelece funções substantivas para atores públicos e privados. Assim, a análise de casos de discriminação estética deve levar em consideração o quanto tal prática contribui para a subordinação de um indivíduo ou grupo de indivíduos, sendo contrária ao objetivo de construção de uma ordem social baseada na justiça social e na solidariedade cívica.

Conclusão

Desenvolvemos neste livro uma reflexão sobre a discriminação baseada na aparência no espaço de trabalho, um problema bastante presente na nossa sociedade, mas ainda não completamente compreendido. Vimos que decorre de julgamentos estéticos que também implicam julgamentos morais sobre as pessoas, notoriamente sobre a capacidade profissional delas. Assim, a beleza surge como forte indício de competência profissional em função de sua articulação cultural com várias qualidades positivas. Por outro lado, aqueles que não se adequam aos padrões estéticos institucionalizados acabam sendo privados de várias oportunidades profissionais ao longo da vida. Esse processo tem efeitos sistêmicos porque a discriminação baseada na aparência afeta especialmente certos grupos que já enfrentam desvantagens significativas. Esse é o caso de minorias raciais, uma vez que julgamentos estéticos são amplamente elaborados a partir dos traços fenotípicos de pessoas brancas. Enquanto membros do grupo racial dominante se beneficiam da construção de uma estética que espelha um ideal racial identificado com as características de pessoas brancas, os que pertencem a grupos raciais subalternizados são vistos como indivíduos que carecem de qualidades que os tornam capazes de operar na vida social de forma competente. Observamos também que esse fenômeno afeta mulheres de maneira desproporcional em função da sexualização do corpo feminino e da atribuição de funções sociais específicas a elas. Há empresas que criam códigos de aparência com regras exclusivas para mulheres, isso quando a objetificação sexual do corpo feminino surge como um aspecto central da atividade empresarial.

A discriminação estética produz uma série de problemas especialmente graves para uma pluralidade de pessoas cuja aparência ou cujos traços da aparência não estejam adequados a práticas que procuram homogeneizar o corpo de funcionários. A exclusão do acesso ao trabalho pode ser classificada como o mais grave, uma vez que esse direito fundamental tem relevância central para a integração social dos indivíduos. Além disso, o gozo desse direito garante o exercício de outras categorias de direitos, motivo pelo qual esse tipo de tratamento discriminatório causa desvantagem de caráter sistêmico, uma vez que frequentemente afeta membros de grupos vulneráveis. O tratamento desvantajoso reproduz, então, disparidades raciais, disparidades de classe e disparidades de gênero, além de contribuir para marginalizar outros grupos a partir de determinadas características irrelevantes para o desempenho profissional. Além disso, esse fenômeno social provoca a marginalização cultural de certos grupos, porque sua performance não se adequa aos lugares e às funções comumente atribuídos a eles. A discriminação estética compromete a própria operação das empresas porque empregadores contratam funcionários e funcionárias a partir de um critério que não está relacionado à competência profissional. O espaço de trabalho se torna, então, mais um ambiente no qual diversos processos de segregação social são reproduzidos, o que compromete a operação da sociedade brasileira. Assim, fica evidente que a discriminação estética é um instrumento, entre vários outros, responsável pela reprodução de hierarquias sociais, mas sua dinâmica, relevância e frequência permanecem largamente desconhecidas. Mais do que isso, sua prática encontra grande tolerância social porque esse é um tipo de tratamento diferenciado amplamente praticado em todos os espaços da vida social.

Observamos também que o combate a esse tipo de tratamento arbitrário encontra certas dificuldades em função da pluralidade de manifestações. Além disso, a luta contra esse problema também encontra obstáculos porque ele se manifesta por meio de diferentes vetores de discriminação e porque é amplamente motivado por fatores inconscientes. De qualquer maneira, algumas de suas manifestações são bastante claras, especialmente quando padrões estatísticos demonstram que há preferência por pessoas com certas características físicas, especialmente raciais. A existência de um corpo de funcionários racialmente homogêneo demonstra, em inúmeros casos, a preferência evidente por funcionários brancos; igualmente, a inexistência de pessoas obesas dentro da empresa também é forte indício de que o empregador utiliza a aparência para determinar que pessoas ou grupo de pessoas serão contratados. É certo que exigências relacionadas com a aparência dos indivíduos podem ser feitas se houver justificativa legítima, mas devemos observar a existência de uma relação racional entre essas exigências e um interesse legítimo.

Apesar dessas dificuldades, podemos elaborar alguns princípios que justificam um combate ativo a esse tipo de discriminação. O atual paradigma constitucional expressa um interesse na proteção de grupos tradicionalmente discriminados, o que se manifesta também na obrigação de medidas protetivas voltadas para grupos específicos. Instituições governamentais também podem contribuir para a superação desse problema por meio do incentivo da diversidade no corpo de funcionários, algo que pode contribuir tanto para o alcance de maiores níveis de justiça social quanto para a maior eficácia das próprias empresas. Dessa maneira, combater a discriminação estética pode ser benéfico para a sociedade como um todo, visto que leva à criação de mecanismos que podem mudar a cultura organizacional ao estabelecer critérios racionais para a seleção e promoção de seus funcionários. Isso se mostra necessário para evitar a reprodução de hierarquias sociais que contrariam o interesse estatal na construção de uma sociedade justa e solidária.

Referências

Adamitis, E. Appearance matters: a proposal to prohibit appearance discrimination in employment. *Washington Law Review*, v. 75, n. 1, p. 195-224, 2000.

Alexander, L. What makes wrongful discrimination wrong? Biases, preferences, stereotypes, and proxies. *University of Pennsylvania Law Review*, v. 141, n. 1, p. 149-219, 1992.

Alexy, R. *Teoria dos direitos fundamentais*. São Paulo: Malheiros, 2006.

Aquino, Y. S. J. Pathologizing ugliness: a conceptual analysis of the naturalist and normativist claims in "aesthetic pathology". *The Journal of Medicine and Philosophy*, v. 47, p. 735-748, 2022.

Austrália. *Nicole Julie Hopper and others v. Virgin Blue Airlines Pty Ltd.* QADT 28, 2005.

Bagenstos, S. R. The structural turn and the limits of antidiscrimination law. *California Law Review*, v. 94, n. 1, p. 1-48, 2006.

Balkin, J. M.; Siegel, R. The American civil rights tradition: antidiscrimination or antisubordination? *University of Miami Law Review*, v. 58, n. 1, p. 1-34, 2003.

Bartlett, K. Only girls wear barrettes: dress and appearance standards, community norms, and workplace equality. *Michigan Law Review*, v. 92, n. 8, p. 2541-2582, 1994.

Barroso, L. R. *Interpretação e aplicação da Constituição*. 3. ed. São Paulo: Saraiva, 1999.

Bell, M. P. *Diversity in organizations*. 2. ed. Mason: South-Western, 2007.

Bento, C. *O pacto da branquitude*. São Paulo: Companhia das Letras, 2022.

Berger, J.; Rosenholtz, S.; Zelditch, M. Status organizing processes. *Annual Review of Sociology*, v. 6, p. 479-508, 1980.

Bergmann, F. *On being free*. Notre Dame: University of Notre Dame Press, 1977.

Brasil. Superior Tribunal de Justiça. Recurso ordinário em mandado de segurança 20637/SC. Relatora: Min. Laurita Vaz, 16/02/2006 (considerando a exigência de altura mínima sem previsão legal ato ilegal).

Brasil. Supremo Tribunal Federal. Agravo regimental no agravo de instrumento 384050/MS. Relator: Min. Carlos Veloso, 09/09/2003 (considerando ilegal a exigência de altura mínima para concurso de escrivão em função da sua irrelevância para o desempenho do cargo).

Brasil. Tribunal Regional do Trabalho da 1ª Região. Processo n.º 0102554-74.2017.5.01.0483. Juíza: Gislaine Maria Pinto, 07/11/2009 (condenando o empregador por práticas discriminatórias contra indivíduo que passava por processo de transição).

Brasil. Tribunal Regional do Trabalho da 1ª Região. Recurso Ordinário n.º 0011357-89.2015.5.01.0036. Órgão Julgador: 7ª Turma. Relatora: Sayonara Grillo Coutinho

Leonardo da Silva, 14/06/2017 (condenando empresa por danos morais por dispensa motivada pelo comportamento afeminado de funcionário).

Brasil. Tribunal Regional do Trabalho da 1ª Região. Processo n.º 0101773-58.2017.5.01.0481. Posto Avançado da Justiça do Trabalho de Rio das Ostras. Juiz: Mateus Brandão Pereira, 21/01/2019 (sustentando que "a discriminação baseada na aparência física é, inquestionavelmente, capaz de causar abalo emocional na pessoa que se sente discriminada por não se enquadrar nos padrões sociais de beleza impostos pela ditadura estética". Adicionalmente, a compensação por danos morais foi reconhecida pelo fato de a empregadora submeter a funcionária a situações humilhantes, insistindo para que ela perdesse peso, a ponto de a trabalhadora se submeter a uma intervenção cirúrgica para agradar a empregadora e escapar das perseguições).

Brasil. Tribunal Regional do Trabalho da 1ª Região. Processo n.º 0100345-09.2023.5.01.0262. 2ª Vara do Trabalho de São Gonçalo. Juiz: Fabiano Fernandes Luzes, 25/08/2023 (reconhecendo que o funcionário foi vítima de discriminação estética no ambiente de trabalho em razão de sua aparência física, diante do uso de barba).

Brasil. Tribunal Regional do Trabalho da 1ª Região. Processo n.º 0100051-71.2022.5.01.0009. 9ª Vara do Trabalho do Rio de Janeiro. Juíza: Taciela Cylleno, 29/08/2023 (argumentando que as ofensas proferidas pela preposta quanto ao cabelo longo e à orientação sexual do empregado se mostraram abusivas e desrespeitosas, sendo a indenização por danos morais uma forma de compensação com o objetivo de proporcionar alívio ao sofrimento da vítima).

Brasil. Tribunal Regional do Trabalho da 1ª Região. Processo n.º 0101417-44.2019.5.01.0206. 6ª Vara do Trabalho de Duque de Caxias. Juíza: Renata Jiquiriça, 19/12/2022 (argumentando que a funcionária foi submetida a um tratamento indigno por parte de sua superior hierárquica, que não apenas exigiu a remoção das tranças, obrigando a requerente a dirigir-se ao banheiro para cumprir a ordem, como também a apelidou de "chup-chup" devido à sua orientação sexual).

Brasil. Tribunal Regional do Trabalho da 1ª Região. Recurso Ordinário n.º 0100116-02.2022.5.01.0483. Órgão Julgador: 8ª Turma. Relatora: Dalva Amélia de Oliveira, 11/07/2023 (reconhecendo a discriminação estética em função da proibição imposta pelo empregador do uso de cabelo *black power*, exigindo que seus funcionários adotassem um corte de cabelo padronizado).

Brasil. Tribunal Regional do Trabalho da 1ª Região. Recurso Ordinário n.º 0119300-60.2009.5.01.0042. Órgão Julgador: 4ª Turma. Relator: Damir Vrcibradic, 24/05/2011 (argumentando que a compensação por danos morais é justificada devido ao fato de o superior hierárquico se referir ao funcionário como "feio" com base em sua aparência física).

Brasil. Tribunal Regional do Trabalho da 1ª Região. Recurso Ordinário n.º 0011307-65.2014.5.01.0079. Órgão Julgador: 4ª Turma. Relator: Cesar Marques Carvalho, 20/06/2016 (concedendo indenização por danos morais devido ao fato de o empregador ter ameaçado o funcionário de morte por considerá-lo "muito feio").

Brasil. Tribunal Regional do Trabalho da 1ª Região. Recurso Ordinário n.º 0010949-08.2014.5.01.0045. Órgão Julgador: 1ª Turma. Relator: Mário Sérgio M. Pinheiro, 25/10/2016 (argumentando que o direito à reparação por danos morais é justificado devido aos excessos praticados pela diretora da reclamada em relação à aparência física da reclamante que afirmava: "para a reclamante ser adequadamente apresentada como coordenadora do hospital, seria necessário emagrecer, já que sua obesidade não condiz com o *status* do cargo").

Brasil. Tribunal Regional do Trabalho da 1ª Região. Recurso Ordinário n.º 0100498-48.2020.5.01.0003. Órgão Julgador: 9ª Turma. Relatora: Márcia Regina Leal Campos, 21/09/2023 (condenando a empregadora a pagar danos morais devido à prática de racismo capilar por exigir que a empregada removesse seu *mega hair* cacheado).

Brasil. Tribunal Regional do Trabalho da 2ª Região. 10ª Vara do Trabalho de São Paulo. Processo n.º 1000872-25.2020.5.02.071. Juíza: Luciana Carla Corrêa Bertocco, 31/01/2022 (classificando a proibição de *dreadlocks* no ambiente do trabalho como uma violação do direito à honra e uma violação da autoestima).

Brasil. Tribunal Regional do Trabalho da 2ª Região. 18ª Vara do Trabalho de São Paulo. Processo n.º 1000393-71.2021.5.02.0718. Juíza: Ana Paula Freire Rojas, 11/11/2022 (condenando empregador ao pagamento de danos morais pela prática de injúria em função de referências preconceituosas ao cabelo de uma funcionária negra e pela imposição de alisamento).

Brasil. Tribunal Regional do Trabalho da 2ª Região. 1ª Vara do Trabalho de São Paulo. Processo n.º 1000823-02.2021.5.02.0046. Juíza: Fernanda Ferreira Teixeira, 02/09/2022 (condenando empregador por selecionar empregados a partir da aparência e por exigir apresentação e postura que os fariam parecer bonitos).

Brasil. Tribunal Regional do Trabalho da 2ª Região. 45ª Vara do Trabalho de São Paulo. Processo n.º 1000041-66.2019.5.02.0045. Juíza: Maria Alice Severo Kluwe, 28/10/2019 (condenando empregador por impedir empregado de usar cabelo afro, por contrariar regras da empresa sobre aparência dos empregados, o que foi classificado como uma violação dos direitos da personalidade).

Brasil. Tribunal Regional do Trabalho da 2ª Região. 48ª Vara do Trabalho de São Paulo. Processo n.º 1000352-83.2020.5.02.0316. Juíza: Marcele Carine dos Prazeres Soares, 14/06/2022 (classificando o impedimento de cumprir jornada de trabalho em função do uso de tranças como uma agressão à honra pessoal).

Brasil. Tribunal Regional do Trabalho da 2ª Região. 48ª Vara do Trabalho de São Paulo. Processo n.º 1000724-26.2021.5.02.0048. Juiz: Helder Campos de Castro, 29/12/2022 (classificando a dispensa de um funcionário baseado na violação de regras de aparência em função de usos de tranças como uma prática preconceituosa que viola a dignidade humana).

Brasil. Tribunal Regional do Trabalho da 2ª Região. 6ª Vara do Trabalho de São Paulo. Processo n.º 1000352-83.2020.5.02.0316. Juíza: Marcele Carine dos Prazeres Soares, 14/06/2022 (condenando empregador por assédio moral baseado na perseguição ocorrida em função da obesidade da empregada).

Brasil. Tribunal Regional do Trabalho da 2ª Região. Processo n.º 1001050-15.2022.5.02.0706. Órgão Julgador: 9ª Turma. Relatora: Simone Fritschy Louro, 16/03/2023 (classificando a imposição de encobrimento do cabelo de pessoa negra, mas não de pessoas brancas, como uma violação do princípio da dignidade e da privacidade).

Brasil. Tribunal Regional do Trabalho da 2ª Região. Recurso Ordinário n.º 1000374-14.2021.5.02.0444. Órgão Julgador: 12ª Turma. Relator: Benedito Valentini 16/06/2023 (condenando empresa por impedir progressão profissional de empregado em função da cor do cabelo e em função de sua homossexualidade).

Brasil. Tribunal Regional do Trabalho da 2ª Região. Recurso Trabalhista n.º 1000454-27.2021.5.02.0363. Órgão Julgador: 5ª Turma. Relatora: Ana Cristina Lobo Petinati, 31/01/2022 (condenando empregador por preferência por pessoas magras e bonitas para cargos de chefia em sua empresa).

Brasil. Tribunal Regional do Trabalho da 2ª Região. Recurso Trabalhista n.º 1000613-38.2021.5.02.0017. Órgão Julgador: 12ª Turma. Relatora: Elizabeth Mostardo, 2019 (discutindo prática de empregador que utilizava a beleza e a forma física como critério para determinação do desempenho da função de segurança).

Brasil. Tribunal Regional do Trabalho da 3ª Região. Recurso Ordinário n.º 0010118-72.2022.5.03.0093. Órgão Julgador: 1ª Turma. Relator: Emerson José Alves Lage, 01/12/2022 (argumentando que a reclamante foi vítima de injúria racial ao adotar o penteado afro [*dreadlocks*] e que seu empregador gravou uma mensagem de áudio restringindo o uso do cabelo solto e ordenando o retorno com o cabelo "normal". A transcrição da mensagem evidencia a clara violação à dignidade da pessoa humana, não se configurando como exercício de liberdade de expressão ou direito legal, mas sim impondo a necessidade de "arrancar" as tranças para voltar à loja).

Brasil. Tribunal Regional do Trabalho da 3ª Região. Recurso Ordinário n.º 0011008-33.2019.5.03.0055. Órgão Julgador: 10ª Turma. Relatora: Ana Maria Amorim Rebouças, 17/05/2022 (reconhecendo que a proibição do uso de barba constitui discriminação estética e infringe o direito à liberdade individual, visto que não decorre de requisitos inerentes à função de repositor e não visa à segurança do empregado).

Brasil. Tribunal Regional do Trabalho da 3ª Região. Recurso Ordinário n.º 0010007-64.2019.5.03.0038. Órgão Julgador: 10ª Turma. Relatora: Adriana Campos de Souza Freire Pimenta, 08/10/2019 (sustentando que a compensação por danos morais é justificada em função de o empregador ter exposto o autor a humilhações durante sua transição de gênero, tendo em vista que as suas características masculinas tornaram-se mais evidentes em detrimento das femininas, chegando ao ponto de proibi-lo de utilizar o banheiro masculino).

Brasil. Tribunal Regional do Trabalho da 3ª Região. Recurso Ordinário n.º 0011519-45.2016.5.03.0149. Órgão Julgador: 4ª Turma. Relatora: Maria Lucia Cardoso Magalhaes, 13/02/2019 (reconhecendo a ocorrência de danos morais em razão de o empregador submeter seus funcionários a situações de violência psicológica, vinculando o peso à produtividade. Essas práticas incluíam obrigar os colaboradores a perder peso com o acompanhamento de nutricionistas, impor ginástica laboral obrigatória e proferir ameaças de dispensa para aqueles que não conseguissem emagrecer).

Brasil. Tribunal Regional do Trabalho da 3ª Região. Recurso Ordinário n.º 0010880-73.2022.5.03.0098. Órgão Julgador: 8ª Turma. Relator: Sérgio Oliveira de Alencar, 11/10/2023 (sustentando que a compensação por danos morais é justificada, pois a reclamante estava sendo alvo de discriminação estética por parte do representante, o qual insistia na exigência do uso de maquiagem e na melhoria de suas vestimentas em um grupo de rede social).

Brasil. Tribunal Regional do Trabalho da 3ª Região. Recurso Ordinário n.º 0010956-23.2021.5.03.0134. Órgão Julgador: 8ª Turma. Relator: Marcelo Lamego Pertence, 25/01/2023 (condenando o empregador a pagar danos morais porque se referia à sua funcionária de forma desrespeitosa, utilizando termos como "animal", "hipopótamo" e "gorda", chegando ao ponto de chamá-la de "cara de pata", por considerá-la "muito feia").

Brasil. Tribunal Regional do Trabalho da 4ª Região. Recurso Ordinário n.º 0020003-34.2019.5.04.0402. Órgão Julgador: 5ª Turma. Relator: Manuel Cid Jardon, 18/02/2020 (não reconhecendo a discriminação estética em face da limitação do uso de barba pelos guardas municipais de Caxias do Sul, sob o fundamento de que as exigências quanto à apresentação pessoal dos integrantes da Guarda Municipal inserem-se no poder diretivo do empregador).

Brasil. Tribunal Regional do Trabalho da 4ª Região. Recurso Ordinário n.º 01746-2005-381-04-00-0. Órgão Julgador: 6ª Turma. Relatora: Rosane Serafini Casa Nova, 06/12/2006 (reconhecendo o direito à compensação por danos morais devido à situação discriminatória enfrentada pela funcionária, que foi desconsiderada para uma nova função por ser considerada "gorda". Fato que foi confirmado pelo supervisor da reclamante, que criou uma desculpa para não informá-la sobre o verdadeiro motivo da recusa).

Brasil. Tribunal Regional do Trabalho da 4ª Região. Recurso Ordinário n.º 0020743-81.2018.5.04.0028. Órgão Julgador: 6ª Turma. Relator: Maria Cristina Schaan Ferreira, 26/11/2020 (condenando a empresa a pagar danos morais em função de exigência patronal de que as funcionárias retirassem as tranças, sob alegação de que o setor de RH assim havia determinado).

Brasil. Tribunal Regional do Trabalho da 5ª Região. Processo n.º 0000716-74.2022.5.05.0007. 7ª Vara do Trabalho de Salvador. Juiz: Paulo Viana de Albuquerque Juca, 13/12/2023 (condenando a companhia aérea a pagar uma indenização mensal pelas despesas da empregada com maquiagem).

Brasil. Tribunal Regional do Trabalho da 5ª Região. Recurso Ordinário n.º 0000803-26.2019.5.05.0010. Órgão Julgador: 4ª Turma. Relator: Margareth Rodrigues Costa, 29/04/2021 (argumentando que a compensação por danos morais é justificada diante das constantes humilhações dirigidas ao reclamante na presença de clientes e colegas de trabalho, somadas às críticas relacionadas à barba do funcionário, que, em razão de um problema de saúde, não podia ser removida).

Brasil. Tribunal Regional do Trabalho da 5ª Região. Recurso Ordinário n.º 0010043-42.2014.5.05.0195. Órgão Julgador: 3ª Turma. Relatora: Marizete Menezes Corrêa, 09/10/2018 (reconhecendo o direito à reparação por danos morais resultantes da discriminação estética que limitava a presença da demandante nas instalações da empresa, especialmente durante as visitas dos consultores, devido à sua condição de obesidade, vista pelos gestores como algo prejudicial à imagem da instituição).

Brasil. Tribunal Regional do Trabalho da 5ª Região. Recurso Ordinário n.º 0100337-93.2016.5.01.0030. Órgão Julgador: 6ª Turma. Relator: Paulo Marcelo de Miranda Serrano, 06/02/2018 (sustentando que a condenação por danos morais era justificada, uma vez que a recorrente foi compelida a remover suas tranças rastafári para se adequar ao padrão estético estipulado pela empresa).

Brasil. Tribunal Regional do Trabalho da 5ª Região. Recurso Ordinário n.º 0000261-85.2018.5.05.0028. Órgão Julgador: 4ª Turma. Relatora: Ana Paola Santos Machado Diniz, 25/06/2021 (diante do comportamento incompatível com as normas de urbanidade e respeito que deveriam guiar as relações de trabalho, consideraram devida a existência de danos morais em função da perseguição sofrida pela trabalhadora por parte de seu superior, que a chamava de "Cunha", em referência a um personagem homossexual do programa *Escolinha do Professor Raimundo*, e também de "sapatona", inclusive na presença de seus colegas de trabalho).

Brasil. Tribunal Regional do Trabalho da 6ª Região. 1ª Vara do Trabalho de São Paulo. Processo n.º 1001150-53.2019.5.02.0001. Juíza: Tatiana Arroyo, 07/02/2020 (classificando o impedimento de cumprir jornada de trabalho por utilizar *dreadlocks* como um tipo de discriminação estética).

Brasil. Tribunal Regional do Trabalho da 12ª Região. Recurso ordinário n.º 0000613-91.2017.5.12.0025. Órgão Julgador: 1ª Câmara. Relatora: Viviane Colluci, 04/07/2018.

Brasil. Tribunal Regional Federal da 1ª Região. Processo n.º 0100051-71.2022.5.01.0009. Juíza: Taciela Cylleno, 29/08/2023 (condenando a pagar danos morais a empregado constantemente xingado por ter cabelo longo, o que era interpretado pela empregadora como sinal de homossexualidade e motivo de agressões verbais).

Brasil. Tribunal Superior do Trabalho. Agravo de Instrumento em Recurso de Revista. Relatora: Ministra Morgana de Almeida Richa. Publicação: 22/03/2023.

Brasil. Tribunal Superior do Trabalho. ARR, n.º 343-45.2015.07.0003. Órgão Julgador: 2ª Turma. Relatora: Ministra Maria Helena Mallmann, DEJT 17/12/2021.

Brunkhorst, H. *Solidarity*: from civic friendship to a global community. Cambridge: MIT Press, 2005.

Bryant, S. L. The beauty ideal: the effects of european standards of beauty on black women. *Columbia Social Work Review*, v. 11, n. 1, p. 80-91, 2013.

Caldwell, P. M. A hair piece: perspectives on the intersection of race and gender. *Duke Law Journal*, v. 1991, n. 2, p. 365-398, 2013.

Canotilho, J. G. *Direito constitucional e teoria da constituição*. 7. ed. Coimbra: Almedina, 2013.

Corbett, W. R. The ugly truth about appearance discrimination and the beauty of our employment discrimination law. *Duke Journal of Gender Law and Policy*, v. 14, n. 1, p. 615-660, 2007.

Daniels, S. *The anti-racist organization*. Dismantling systemic racism in the workplace. Hoboken: Wiley, 2022.

Devulsky, A. *Colorismo*. São Paulo: Jandaíra, 2021.

Dion, K.; Berscheid, E. What is beautiful is good. *Journal of Personality and Social Psychology*, v. 24, n. 3, p. 285-290, 1972.

Dimoulis, D.; Martins, L. *Teoria geral dos direitos fundamentais*. 8. ed. São Paulo: Editora Revista dos Tribunais, 2021.

Ereshefsky, M. Defining health and disease. *Studies in History and Philosophy of Biological and Medical Sciences*, v. 4, n. 3, p. 221-227, 2008.

Estados Unidos. Centers for Disease Control and Prevention (CDC). *Adult Obesity Facts*. Disponível em: https://bit.ly/4fsLaMy. Acesso em: 22 jan. 2024.

Estados Unidos. *González v. Abercrombie & Fitch Stores, Inc.*, No. 3:03-cv-02817, 2003.

Estados Unidos. *McManus v. MCI Communications Corp.*, n. 98-CV-1268, 2000.

Estados Unidos. *Nelson v. Knight*, 834 N.W.2d 64 (Iowa, 2013).

Estados Unidos. *Rogers v. American Airlines, Inc.*, 527 F. Supp. 229 (S.D.N.Y. 1981).

Estados Unidos. U.S. District Court for the Northern District of Texas. *Wilson v. Southwest Airlines Co.*, 517 F. Supp. 292 (N.D. Tex. 1981).

Estados Unidos. United States Court of Appeals, 9th Circuit. *Gerdom v. Continental Airlines, Inc.*, 648 F.2d 1223 (9th Cir. 1981).

Estados Unidos. United States Court of Appeals, 4th Circuit. *Jarrell v. Eastern Air Lines, Inc.*, 430 F. Supp. 884 (E.D. Va. 1977).

Estados Unidos. United States Court of Appeals, 9th Circuit. *Bhatia v. Chevron U.S.A., Inc.*, 734 F.2d 1382, 1984.

Estados Unidos. United States District Court, 7th Circuit. *Talanda v. KFC Management Co.*, 863 F. Supp. 664, 1994.

Estados Unidos. United States District Court, Florida. *Diaz v. Pan American World Airways, Inc.*, 346 F. Supp. 1301 (S.D. Fla. 1972);

Estados Unidos. United States District Court, Northern Illinois. *Latuga v. Hooters Inc.*, 1:93-cv-07709, 1993.

Fiss, O. Groups and the equal protection clause. *Philosophy and Public Affairs*, v. 5, n. 2, p. 117-177, 1976.

Fredman, S. Redistribution and recognition; Reconciling inequalities. *South African Journal of Human Rights*, v. 23, n. 2, p. 214-253, 2007.

Friedricks, S. Sexy, sexy discrimination: why appearance--based discrimination is sex discrimination. *The Journal of Corporation Law*, v. 40, n. 3, p. 503-520, 2015.

Garner, S. *Racism, an introduction*. Londres: Sage, 2010.

Gehrke, M. Is beauty the beast? *South California Review of Law and Women Studies*, v. 4, n. 2, p. 221-250, 1994.

Green, T. A structural approach as antidiscrimination mandate: locating employer wrong. *Vanderbilt Law Review*, v. 60, n. 3, p. 847-904, 2007.

Gomes, A. V. *A aplicação do princípio protetor no direito do trabalho*. São Paulo: LTR, 2000.

Gumin, M. Ugly on the inside: an argument for a narrow interpretation of employer defenses to appearance discrimination. *Minnesota Law Review*, v. 96, n. 8, p. 1769-1794, 2012.

Harris, J. E. The aesthetics of disability. *Columbia Law Review*, v. 119, v. 4, p. 895-973, 2019.

Harwood, C. Dressed for success: gendered appearance discrimination in the workplace. *Victoria University of Wellington Law Review*, v. 38, n. 3, p. 583-602, 2007.

Hawkins, S. L. A deliberative defense of diversity: moving beyond the affirmative action debate to embrace a 21st century view of equality. *Columbia Journal of Race and Law*, v. 2, n. 1, p. 75-98, 2012.

Hofmann, B. Aesthetic injustice. *Journal of Business Ethics*, v. 189, p. 217-229, 2023. Disponível em: https://doi.org/10.1007/s10551-023-05401-04. Acesso em: 29 out. 2024.

Holland, Márcio *et al. Obesidade e consumo das famílias brasileiras*: diagnóstico e implicações para políticas públicas. São Paulo: Fundação Getúlio Vargas, 2022.

Honneth, A. *The struggle for recognition:* the moral grammar of social conflicts. Londres: Polity Press, 1995.

Kang, J. Trojan horses of race. *Harvard Law Review*, v. 118, n. 6, p. 1491-1593, 2004.

Kang, J. M. Deconstructing the ideology of white aesthetics. *Michigan Journal of Race and Law*, v. 2, n. 2, p. 283-360, 1997.

Kolm, S.-C. *Teorias modernas de justiça.* São Paulo: Martins Fontes, 2019.

Koonin, M. A. Avoiding claims of discrimination based on personal appearance, grooming, and hygiene standards. *The Labor Lawyer*, v. 15, n. 1, p. 19-45, 1999.

Krieger, L. H. The content of our categories? A cognitive bias approach to discrimination and equal protection opportunity. *Stanford Law Review*, v. 47, n. 5, p. 1161-1248, 1994.

Lawrence III, C. R. L. The id, the ego, and equal protection: reckoning with unconscious racism. *Stanford Law Review*, v. 39, n. 2, p. 317-388, 1986.

Litholdo, Viviane P. S. *Os princípios do direito do trabalho:* diretrizes para uma decisão justa e dinâmica. São Paulo: LTR, 2013.

Lucas, E. (ed.). *What is freedom?* Londres: Oxford University Press, 1961.

Mahajan, R. The naked truth: appearance discrimination, employment and the law. *Asian American Law Journal*, v. 14, n. 1, p. 165-204, 2007.

Marques, C. *O contrato de trabalho e a discriminação estética.* São Paulo: LTR, 2002.

Martinot, S. *The rule of racialization*: Class, identity, governance. Filadelfia: Temple University Press, 2003.

Mello, C. A. B. *O conteúdo jurídico do princípio da igualdade.* 7. ed. São Paulo: Malheiros, 2008.

Miller, D. (ed.). *The liberty reader.* Boulder: Paradigm, 2006.

Moreira, A. J. Cidadania racial. *Quaestio Iuris*, v. 10, n. 2, 1052-1089, 2017.

Moreira, A. J. *Tratado de direito antidiscriminatório.* São Paulo: Contracorrente, 2020.

Novais, J. R. *Princípios estruturantes de Estado de Direito.* Coimbra: Almedina, 2019.

Oraka, Cláudia Simões *et al.* Raça e obesidade na população feminina negra: uma revisão de escopo. *Saúde e Sociedade*, v. 29, n. 3, p. 1-10, 2020.

Passaglia, C. T. Appearance discrimination: the evidence of weight. *Colorado Lawyer*, v. 23, n. 4, p. 841-844, 1994.

Quintão, A. M. P. *O que ela tem na cabeça?* Um estudo sobre o cabelo como performance identitária. 2013. Dissertação (Mestrado em Antropologia) – Programa de Pós-Graduação em Antropologia, Universidade Federal Fluminense, Rio de Janeiro, 2013.

Reilly, G. Employees' personal appearance. *The Labor Lawyer*, v. 11, n. 2, p. 261-272, 1995.

Rhode, D. *The beauty bias:* The injustice of appearance in life and law. Oxford: Oxford University Press, 2010.

Rhode, D. The injustice of appearance. *Stanford Law Review*, v. 61, n. 5, p. 1033-1101, 2009.

Rodriguez, A. P. *Princípios do direito do trabalho*. 3. ed. São Paulo: LTR, 2015.

Rosenberg, I. B. Height discrimination in employment. *Utah Law Review*, n. 3, p. 908-953, 2009.

Santa Catarina. Tribunal de Justiça de Santa Catarina. Apelação Cível em Mandado de Segurança n.º 2005.033009-4. Órgão Julgador: 4ª Turma. Relator: Luiz César Medeiros, 29/11/2005 (considerando ilegal a imposição de altura mínima em concurso público, pois esse requisito não estava previsto em lei).

Smolak, L. Appearance in childhood and adolescence. In: Rumsey, N.; Harcourt, D. (ed.). *The Oxford Handbook of The Psychology of Appearance*. Oxford: Oxford University Press, 2012. p. 120-125.

Soares, F. R. *Responsabilidade civil por dano existencial.* Porto Alegre: Livraria do Advogado, 2009.

Toledano, E. The looking-glass ceiling: appearance-based discrimination in the workplace. *Cardozo Journal of Law & Gender,* v. 19, n. 3, p. 683-714, 2013.

Wang, L. Weight discrimination: one size fits all remedy? *Yale Law Journal,* v. 117, n. 8, p. 1900-1945, 2008.

Waring, P. Keeping up appearances: aesthetic labor and discrimination law. *Journal of Industrial Relations,* v. 53, n. 1, p. 193-207, 2011.

Winters, M. F. *Black fatigue*: How racism erodes the mind, body, and spirit. Oakland: Berrett-Koeller, 2020.

Witley, B. E.; Kite, M. *The psychology of prejudice and discrimination.* 2. ed. Belmont: Wadsworth, 2010.

Yoshino, K. Covering. *Yale Law Journal,* v. 111, n. 3, p. 811-836, 2001.

Zimmer, M.; Sullivan, C; White, R. *Employment discrimination, cases and materials.* 6. ed. Nova York: Aspen Publishers, 2003.

Este livro foi composto com tipografia Adobe Garamond Pro e impresso em papel Off-white 80 g/m² na Formato Artes Gráficas.